闇塗怪談
断テナイ恐怖

営業のK

怪談文庫

目次

4 最も怖いモノ
7 友達のお母さん
14 にし茶屋街
19 娘に視えているモノ
23 二人の娘
28 本当に危険なモノ
34 丑の刻参り
41 白い手
47 手首のない
53 夢に出てきたおばさん
56 酒宴
63 目覚めたら……。
68 おもちゃ
76 ゴミ収集員
80 病院の警備員
85 病院の待合室
91 入院した時に
96 妻の部屋
101 自殺コレクター
105 無意識に描いた絵

110 美術館
117 電話の相手
119 もう電話には出られない
123 山代温泉にて
131 悪い子は
135 一人増えている……。
145 樹海探索
152 歩道橋
157 天国への階段
164 窓に映る女
168 開いたドア
174 マンホール
180 高所作業
184 ドアが増える
191 猫の集会
195 これからはずっと
200 彼が望んだ結末
206 駐車場の影
213 オフロード車

221 あとがき

※本書に登場する人物名は、様々な事情を考慮して全て仮名にしてあります。また、作中に登場する体験者の記憶と体験当時の世相を鑑み、極力当時の様相を再現するよう心がけています。現代においては若干耳慣れない言葉・表記が登場する場合がありますが、これらは差別・侮蔑を意図する考えに基づくものではありません。

最も怖いモノ

人にはそれぞれ怖いものが存在すると思う。

勿論、対人関係に起因するものやトラウマになっている記憶、ニュースで見た事件の犯人などもそれに該当するのだろうが、こと超常現象に限れば、幽霊、悪魔、或いは妖怪などと答える方が多いのかもしれない。

しかし、俺の場合は少し違っている。これに関しては以前〈くだん〉について書いた時にも説明したかもしれないが、俺のいちばん怖いものは「人間の体に動物の頭部がついているもの」なのだ。

確かに怪談を書いていると、様々な怪現象や霊障と呼ばれるものに遭遇する機会は多くなる。だが、ある意味そんなことには慣れてしまった自分がいる。それよりもやはり、絶対に遭遇したくないと思ってしまうのは「人間の体に動物の頭部がついているもの」に尽きる。そしてその原因は、小学生の頃に目撃した〈くだん〉の存在からなのだろうと自分でも信じて疑わなかった。

ところが、先日、実家で母親と話す機会があり、その時に言われた言葉が引っ掛かった。

「あんたは生まれてからずっと変なものを怖がっていたからね……。テレビや絵本に動物の顔をした人間が出て来るだけですぐに泣きだしていたから。その怖がり方も普通じゃなかったよ……」

そんな言葉だった。だから、俺はこう返した。あの〈くだん〉の一件（当然、母親もその当時の出来事を知っている）以来、そういうのはほんと苦手になっちゃったよな、と。

すると、母親はすぐにこう返してきた。

「そうじゃないよ。あんたが動物の顔を怖がるようになったのはそれよりもずっと前からだよ？　それこそ、まだベビーベッドに寝かせていた頃からだよ！」と。

それを聞いて、ふいに俺にも記憶が蘇ってきた。それは、俺がいちばん恐ろしく感じるのは人間の体に「馬」と「犬」の頭部がついているモノであること。そしてもう一つ、最近はすっかり見なくなっていたが、中高校生の頃までよく見ていた夢の中のあるシーンだった。

それはこんな光景だ。

部屋にぽつんと置かれたベビーベッド。そこに赤ん坊の俺がひとり寝かされている。しばらくすると、何者かが部屋に入ってきて、ベッドへと近づいてくる。姿を現したのは異形の二人組……「馬」と「犬」の顔をしたモノが、ベッドの横から寝ている俺を覗き込んでくる。その目は少しも笑ってはおらず、まるで睨むように俺を見下ろしていた。

ただ、じっと……。


その後、夢がどんな展開になったのか記憶に残っていないが、そんな悪夢にうなされた夜は数えきれないほどあった。

小学生の頃に俺が見た〈くだん〉らしきモノは、少女の体に「牛」の頭部がついたものだった。だとしたら、やはり俺の恐怖の元になっているのは、その〈くだん〉事件ではなかったということになる。もしかしたら、俺が物心つく前に体験してしまった怪異だったのかもしれない。

何があったのかは自分ですら分かりようもないが、一つだけ確実なのは、きっと俺は死ぬまでその「馬」と「犬」を恐れながら生きていくのだろうな、ということだ。

願わくば、二度と遭遇せんことを。

たとえ夢であっても。

友達のお母さん

これは俺が小学五年生の頃に体験した話になる。

俺は小学校に入学してすぐに父親の転勤で名古屋に移り住んだ。そして、再び金沢市内に戻ってきたのは、小学四年の終わり頃だった。六歳で入学した小学校に戻ってきた訳なのだが、それでもなかなか馴染めず、しばらくは子供なりに辛い日々を過ごした。

そんな苦い経験のせいなのか、俺はそれ以降、転校生には必要以上に優しく接する癖がついていた。

あれは、ちょうど五年生の二学期、それも半ばを過ぎた頃だったか、俺のクラスに転校生が入ってきた。Yという男子だった。なんか暗いやつだな……。最初の印象はそんな感じだった。そう感じたのは俺だけではなかったようで、Yは休み時間になってもいつも一人きりで過ごしていた。自分の机に座り、教科書を読んでいることもあったし、屋上で独りボーッと町の景色を眺めていることもあった。たまに誰かが声を掛けても、なかなか反応が返ってこない。そんな調子だったので、クラスの仲間はそれ以上仲良くなろうとはしなかったが、自分にも同じような経験があった俺にはYの気持ちが分かるような気がした。

本当は仲良くなりたいのに強がっているだけ……。

そう思った俺は、休み時間や下校時に積極的に声を掛けるようにした。それでもなかなかYは心を開いてはくれなかったが、俺が余程しつこかったのか、しばらくしてYのほうから、帰る方向が同じなら一緒に帰ろうか？　と声を掛けてきてくれた。実は俺の自宅は全く反対方向であり、Yの気を引くためについた嘘だったが、それでもYのほうからそう言ってくれた時にはとても嬉しかったのを覚えている。

帰り道、Yと色んな話をした。習い事の話、クラスの女子の話、そして嫌いな先生の話など……。一度一緒に帰るようになると、それからは毎日Yと下校を共にするようになっていった。いったん打ち解ければ、Yはとてもお喋りで明るい性格なのだとすぐに分かった。冗談も言えたし、お互いに思っていることを遠慮なく言える関係になるのに、たいして時間は掛からなかった。

しかし、どうしても聞けないことが一つだけあった。それはYがどんな理由で転校してきたのか？　ということだった。Yはとても中途半端な時期に転校してきた。しかも、担任教師はYを紹介する時にはっきりと、ご両親とは離れて暮らすことになるY君ですから仲良くするように、と話していた。だから、クラスメートは皆好き勝手にその理由を想像しては噂し合っていた。勿論俺も気にならないと言ったら嘘になる。理由を知りたいと思っていたが、反面、それは聞いてはいけないことなのだとも子供心に感じていた。

しかし、かなり仲良くなった頃、Yは自分からその話を口にした。

「あのさ……きっと知りたがってると思うから話すけどさ……。僕が転校してきた理由は、お母さんが事故で死んじゃったからなんだ。お父さんはずっと前に離婚して家を出て行っちゃったから、元々いなくてさ……。だから、おじいちゃんとおばあちゃんと一緒に暮らすために金沢に転校してきたんだ……」

そう話してくれた。俺はYがとても可哀想に感じてしまい、やはり聞かなければ良かったと後悔した。

けれどもYは、その話を俺にしてくれてからも変わらず、元気に明るく俺と接してくれた。そのうちに、Yはクラスにも溶け込み、それなりに友達も増えていった。

ある日、俺がいつものように一緒に下校しようとYを誘うと、「ごめん……今日はちょっと……」と、言われてしまった。その時は、きっと何か用事があるのだろうとしか思わなかったが、それから何度Yを誘っても、「ごめん……今日はちょっと……」と、同じセリフで断られる日が続いた。そうなると俺も、きっとYにはもっと仲の良い友達ができたんだろうと思ってしまい、それ以来、Yを下校時に誘わなくなった。

それから少し時間が経ち、俺はYの変化に気付いた。初めて転校生としてこの学校に来た時よりも更に暗くなって口も聞かなくなり、クラスの中でも完全に孤立してしまっていたのだ。それでも俺は、断られた時の悔しさと寂しさのようなものを引き摺っていて、別にいい気味じゃないか……と子供独特の残酷な感情しか持てなかった。

しかし、しばらくして妙な噂を聞いた。それは、Yが学校の帰り道、どう見ても母親としか思えない女の人と一緒に歩いていた、というものだった。

俺は心の中で、それはあり得ないだろうと思った。なぜなら俺は以前、Yの口からはっきりと母親が事故で死んだという事実を聞かされていたのだから。しかし、一緒に歩いているのが母親かどうかは別にして、Yが大人の女の人と一緒に歩いて帰っているというのは本当のようで、その姿を何人もの児童がはっきりと見ていた。

俺はその事実に変な好奇心を抱いてしまった。そして、友達数人と、その話が本当かどうかを確かめることにしたのだ。

学校が終わると、俺達は急いでYの下校する道へ急いだ。以前はYと一緒に下校していたから、俺にはYが住んでいる家が分かっていた。だから、それがYの母親かどうかを確認するには、Yの家の前で待っているのが確実だろうと思った。

俺達は、ちょうどYの自宅と家の前の通りが見渡せる場所にあった小さな神社の境内に隠れて待機していた。すると、二十分ほどして、遠くから歩いてくるYの姿が見えた。なるほど、確かにYの横には大人の女性がいて、Yの手を握りながら一緒に歩いている。当初、俺達は女の人と手を繋いでいるYを冷やかすつもりでいた。それが母親なら、Yは俺に嘘をついたことになるが、それは別にどうでも良かった。とにかくYを冷やかして照れくさそうな顔を見てみたかったのだ。

しかし、近づいてくるYの姿がはっきりと見えるにつれ、俺達のそんな遊び心はどこかへ吹き飛んでしまった。俺達は皆押し黙り、言葉にならない戦慄に肌を粟立たせた。なぜなら、歩いてくるYの姿は、まるでどこかへ売られていく家畜のように悲壮感漂うものだったからだ。黙ったまま、とぼとぼと引き摺られるようにして歩くYの顔には、恐怖と絶望ともとれる感情が溢れ出していた。

そして、Yの横を歩いている女性。その姿もまた異様だった。着ている黒い服はどう見ても喪服にしか見えなかったし、痩せた針金のような体と大きくこけた頬は骸骨のようだった。髪だけがぐっしょりと濡れて見える。何よりも、その目。Yの手を引きながら真っすぐに前を見据えるギラギラとした眼光に俺達は震えあがった。

結局、俺達は、Yとその女が通り過ぎるのを声を殺して傍観するしかなかった。全員、あれはヤバイ、助けなければ……と思っていたはずだが、誰も動くことはおろか声を出すことすらできなかった。

二人がYの家の前まで来たところで、フッと女の姿が消えた。そのままYだけが家の中に入っていく。

俺達はその瞬間、弾かれたようにその場から一斉に逃げ出した。それほどその時の俺達にはトラウマになるほどの恐怖だったのだ。


翌日学校に行くと、Yはちゃんと登校していた。しかし、相変わらず誰とも話さず、一人で孤立している。俺はその姿を見て、もしかしたらYは、クラスの皆を巻き込まないようにしているのではないか……？　とさえ感じた。

それから一週間ほど、Yはちゃんと登校していた。しかし、日に日にやつれていくその姿に、俺達は言い知れぬ不安を感じていた。

そして、ちょうど一週間が過ぎた頃、Yが学校に来なくなった。

それから数日後のことだった。Yが下校ルートの国道で事故に遭い、即死してしまったのは……。

俺はどうしてあの時Yを助けられなかったのかと悔やんだが、その後、Yの家の中から祖父母の自殺体が発見されたという事件を知ってからは、もうこの件には近づかないことに決めた。

きっとあの時、Yと一緒に歩いていたのは母親に間違いないと思う。事故で死んだという母親に……。俺はそう確信している。

にし茶屋街

金沢市には三つの茶屋街が存在している。ひがし茶屋街、主計町茶屋街、そしてにし茶屋街だ。観光地に近いせいか、どちらかと言うとひがし茶屋街、主計町茶屋街のほうが観光客で賑わっているように見える。しかし、そのどれもが長い歴史を持つ由緒ある茶屋街であることは間違いない。俺も二度ほどお客さんに連れられて、にしの茶屋街を訪れたことがあるが、まあ、落ち着いた大人が高尚な楽しみのために飲みに行く場所であり、それに掛かる費用やそこで行われる色々な遊びなどは、俗世にどっぷりと浸かり過ぎた俺には似つかわしくないな、というのが率直な感想だ。芸妓さんの年齢層もかなり高く、俺よりも年下の芸妓さんに会ったことはないばかりか、俺の母親くらいの年齢の芸妓さんが呼ばれることすらあった。こうした伝統芸能は後継者不足に悩まされているのかもしれないが、夜の片町で飲むような軽い気持ちで行くべき場所ではないのは確かだ。もっとも、俺も詳しい訳ではなく、他の二つの茶屋街に関しては観光地化しているということ以外、あまり知らないというのが本音である。

しかし、にしの茶屋街に関して言えば、俺の中学校下にもなっていたため、それなりに馴染み深い場所であることは確かだ。

　木造の趣ある茶屋が並ぶにし茶屋街は、昼は日差しが明るく差し込み、その場所をカメラやビデオで撮影する観光客も多い。

　しかし、昔の茶屋街は決してそうではなかった。茶屋街を走る道も細く荒れており、何よりも街並み全体が暗かった。当時からにし茶屋街のすぐ近くには西の郭《くるわ》が存在し、それは今でも秘かに続いているのだが、やはりそういった立地条件もあってか、親達は子供がにし茶屋街近辺で遊ぶのをよしとはしなかった。大人の歓楽街であり、子供には悪影響しか及ばさないという判断なのだろうが、逆に子供というものは親が「行くな」と言った場所には是が非でも近づきたくなってしまうものだ。

　少なくとも俺はそんな子供だった。

　だから中学時代、放課後に自転車で遊びに行く場所の中にはしっかりとにし茶屋街は含まれていた。もっとも当時から静かな場所だったので、自転車は近くの友達の家に置いて、徒歩で探検よろしくにし茶屋街の中をウロウロしていただけの可愛いものだ。綺麗な芸妓さんにも会えるかもしれないという中学生らしい期待はあったが、それでも建物の中に入ることまではしなかった。

　見つかって学校、ひいては親に連絡でもされたら大変なことになる。だから、俺達は建物の外から中を覗く程度のことしかしなかった。それならば、見つかったとしてもすぐ逃げられるだろうし、万が一捕まったとしても、何とでも言い訳をすることができる。

外の格子の間から覗き見る内部は、それだけで完全なる異世界だった。

まるで時代劇にでも出てくるような風景が建物の中には広がっていて、何とはなしに淫靡で秘密の匂いがする。

しかし、俺達はそんな夢のような場所に長い時間居続ける勇気は持てなかった。

なぜなら、俺達の誰もが気付いていたからだ。二階の格子窓からこちらを見下ろしている視線に……。最初は店の二階にいる女性が俺達に気付き、こちらの様子を窺っているのだと思っていた。しかし、そのうちに俺達はあることに気付いた。

大きすぎる……。

その女性の顔は、遠近感など無視するかのように巨大だったのだ。だから、その女の顔が二階の格子窓から見えると、俺達はすぐにその場から離れた。いや、逃げたといったほうが正しい。何かジメっとした陰湿な眼と、巨大だが、どこか無機質な顔の表情が恐ろしかったのだ。

それでも、俺達の中でそれを口にするものはなかったし、その場所で遊ぶのも止めようとも言いださなかった。きっと友達の中で臆病者というレッテルが貼られるのが嫌だったのだろう。本当はその場にいる誰もが内心はその場所で遊ぶことが恐ろしかったに違いないのだが。

だから、俺達のにし茶屋街での遊びというものはある意味チキンレース化していたのかもしれない。皆がギリギリの所で耐えていたのだろう。

しかし、そんなチキンレースもすぐに終わりを迎えた。実は、二階から女の顔が覗く格子の引き戸が少しずつ開かれていることに気づいたのだ。引き戸は日増しに開かれていき、ついには顔全体が見えるくらいにまで達してしまった。そして、その顔の全貌を見た俺達は、声も出せずにその場から逃げ出した。無我夢中で走り、気づけば、自転車をとめさせてもらっている友達の家の庭で全員、真っ青な顔で肩で息をしていた。

その後、俺達がにし茶屋街で遊ぶことは暗黙の禁忌となり、誰もその場所の名前すら出さなくなった。たぶん、それ以来ずっとその場所には行かなかったと思う。

それから十年余り経ち、俺が社会人になった頃――。

片町で飲んだ帰り道、つい無意識にそのにし茶屋街を通ったことがあった。実はその時にも、俺は一階の格子戸の前に佇む女の姿を目撃してしまった。

女は、雨など降ってはいないのになぜか傘をさしており、何よりその背丈が異様に高かった。酔いが回った状態とはいえ、幻覚を見た訳ではない。

確かに、巨大な女がそこにいた。

酔いなどいっぺんに吹き飛び、代わりに冷や汗が背を伝う。一気に醒めてしまった。逃げるべきか、気づかぬふりで通り過ぎるべきか……後者を選んだ俺はできるだけ平静を装って強張る足を前に進めた。

それでも横を通り過ぎる際、中学時代の恐怖が一気に蘇りパニックになる。ちらっと見てしまったその顔は、まさに当時の二階の格子窓の女にしか見えなかったのだから……。

今では綺麗に模様替えしたにし茶屋街ではあるが、建物の中は当時のままの状態が保たれていると聞く。俺が視たモノが幽霊なのか、それとも妖怪の類なのかは分からないが、もしかするとそれは今でもその場所に棲みついているのかもしれない。

娘に視えているモノ

我が家の娘には、幼いころから不思議なものを感じていた。赤ん坊の時分は、何もない天井を見て笑ったり泣いたりというのはよく聞く話だが、うちの娘に関して言えば、それが物心ついた頃にも消えず、現在に至っている。

今、十九歳の娘は、いたって普通の、どこにでもいるような今時の娘だ。アニメキャラに熱中し、コスプレを楽しんでいる。しかし、そんな明るい「陽」の部分と、何かが視えてしまう戸惑いのようなもの、いわば「陰」の部分が常に共存しているように感じる。

ただ、本人がそれを言葉にすることは殆どない。きっと、周りから異質な目で見られるのが嫌なのだろう。もしくは、周りの人間を怖がらせないようにという彼女なりの気遣いなのかもしれない。

そんな娘には、どうしても車で通りたくない道が存在する。遠回りするのが面倒臭くて、ついその道を通ろうとすると敏感にそれを察知し、異常なほどの拒否反応を見せる。

さすがに俺も気になり、一度娘に真剣に聞いてみたことがある。

どうしてその道を通りたくないのか？　と。

すると娘はしばらく口籠もっていたが、やがて重い口を開いて打ち明けてくれた。

「あのね……歩いてる時には平気なんだけど……。車に乗せられてあの道を通って交差点に差し掛かると確実に視えちゃうの。本当は思い出したくもないんだけど……」

「視えるって……いったい何が視えるんだ？」

そう聞き返すと、娘は怯えたように顔を歪ませた。

「……大きなトラックの後ろに、女の人が貼りついてるの……。運転したままの姿勢でトラックの後部に、めり込むようにして潰れてる。でも、まだその女の人は動いてて……。それでね……その女の人といつも目が合っちゃうの……。なんでかは自分でも分かんないけどさ……」

そう言われて、俺はそれ以上何も聞けなくなった。どうしてトラックの後部に女性がめり込むようにして潰れているのか、その理由が俺には理解できなかった。

そんな会話をしてから一か月ほど経った頃、俺は趣味の集まりで、霊能者のAさんと話す機会があった。そこで俺は娘が話していた内容を思い出し、何げなくAさんに相談してみた。

すると、Aさんは、

「ふ〜ん……娘さんって父親と違ってなかなか霊感が強いみたいですよね。アレが視えてるんですか……なるほど、なるほど……」

などと言う。俺は吃驚して、問い直した。

「え……アレっていうことは、もしかしてAさんにも同じのが視えてるってこと？　だとしたら、それって何なの？」

Aさんは、いつもの勝ち誇ったような顔でこう返してきた。

「Kさん、ちゃんと新聞、読んでます？　ほら、あの道路の交差点でずっと以前に大きな死亡事故があったじゃないですか？　停車した大型トラックに女性が運転する軽自動車が突っ込んだっていう……。前方を見ていなかったのか、完全にノーブレーキで、かなりの速度のままトラックの後部に突っ込んだ事故ですよ……」

「それ……やっぱりドライバーの女性は亡くなられたの？」

Aさんは、おもむろに頷いて答える。

「即死ですよ、即死。さすがにノーブレーキじゃ、ドライバーの女性も原形を留めていなかったでしょうね。というか、私にも視えてますから。もう原型というか、人間であることすら判別できないレベルに潰れてますね……。でも、あの女性はいまだに自分が死んだことに気付いていない。誰かを巻き添えにしようとかいう悪い霊ではないんですけどね。まあ娘さんにしてみれば、あんなものを視せられる場所、絶対通りたくないですよ」

それを聞いてから、俺は絶対に娘を乗せてその道を通らないようにしている。

そんな娘だが、いよいよ就職活動を前に運転免許を取らなくてはいけなくなり、目下自動車学校に嫌々ながら通っている。親としては、娘が運転するようになってから、そんな悲惨な事故現場で何かを視てしまわないように、と祈るばかりである。

二人の娘

この話を聞いた時、俺は不思議さとともに、同じ娘を持つ親として深く考えさせられた。その詳細をここに記したい。

彼女が夫と離婚したのは娘さんが中学生の頃だった。元々夫婦仲が悪かったのに加え、近頃はアルコールとギャンブルにのめり込むようになり、挙げ句の果てには家族に暴力を振るうに至って、離婚を決意した。

ただ、離婚してからの生活はそれまでの生活に比べてとても楽しいものだった。何も恐れず、安心して生活できることのありがたさを知ったという。

シングルマザーになってから彼女は以前にも増して仕事に精を出し、それと同時に家庭もしっかりと両立していた。いつも彼女の頭の中にあるのは娘さんのことばかりであり、どうすれば娘が喜んでくれるかと、そんなことばかりを考えていた。

娘さんのほうも、母親と過ごす時間をとても大切にしてくれていた。母の日のプレゼントを欠かしたことはなかったし、家にいる時にはできるだけ母親と一緒の空間で過ごすようにしていたようだ。どんな小さな悩みごとでも母親に相談していたし、母である彼女もそれに応えて一緒に悩み、解決に導けるよう努めてきた。他の家庭に比べたら決して裕福ではなかったが、彼女は娘さんと理想的な親子関係を築けていることに幸せを感じていた。

そんな彼女が不思議な体験をするようになったのは、娘さんが地元の短大に入学してしばらく経った頃だった。相変わらず親子関係は良好で、彼女自身、女手一つで娘さんを短大に入学させられたことに誇りさえ感じていた。

そんな彼女が、その頃おかしな夢を見るようになった。娘さんの夢だ。娘さんは夢の中でいつも背中を向けている。正座で、ぽつねんと座る後ろ姿からは無気力さと絶望感のようなものが感じられ、慌てた彼女が娘さんに歩み寄り顔を覗き込もうとすると、その瞬間に娘さんの姿が消えてしまうという夢だった。

不可思議な現象は、夢で終わらず、次第に現実へと変わっていく。

ある時、仕事で遅くなった彼女が車でとある橋を通りかかった際、橋の欄干に手をついてぼんやりと川面を見つめている娘さんの姿を目撃した。慌てて車を停め、橋の上を探すがそこにはもう娘さんの姿はなかったという。

さっきのは何だったの……？

不安な気持ちのまま帰宅すると、娘さんはちゃんと家のリビングにおり、ぼんやりとテレビを観ていた。橋から自宅までは距離があるし、娘さんが先回りして帰って来られるはずはない。やはり人違いだったのだと思い、その時は娘さんには何も聞かなかった。

しかし、それからも彼女は色んな場所で娘さんの姿を目撃するようになる。

それは彼女が歩いている道の反対側の歩道だったり、信号待ちの横断歩道だったり。

だが、ほんの一瞬目を逸らすともう、娘さんの姿は消えていたという。

また、ある時にはビルの上に立っている娘さんの姿を目撃し、慌ててビルの屋上に駆け上がった。

「〇〇〇！」

ビルの屋上に着き、娘さんの姿を確認した彼女が声を掛けると、娘さんはゆっくりとこちらを振り向きながら霧のように消えていったという。

さすがにその時は気になって、自宅に帰ってから娘さんにそれとなく尋ねた。

「今日、××の辺りにいた？」と。

しかし、娘さんは笑いながら「そんな所に行く訳ないじゃない！」と返してくるだけだった。

彼女は次第に不安になってきた。もしかしたら、娘さんは何か一人で悩みを抱えているのではないか……それについて問いたいと思ったが、なぜか気まずく、そんなおかしな話をして娘さんを怖がらせるのも悪いような気がして結局黙っていた。

それからも彼女の周りでは不可思議な現象が続いたが、全て彼女の中で処理し、決して娘さんには問いただすことはしなかった。


そんな状態が続いたある冬の日のことだった。

仕事中の彼女に、警察から連絡が入った。それは、娘さんが自殺を図ったという報せだった。

田舎の踏切で特急電車に飛び込んだという娘さんのご遺体は、母親である彼女にすら自分の娘だと確認できない程の状態だったという。

彼女は最後にこう言っていた。

「もしかして、私の前に現れたのは娘の生霊で、私に必死でSOSを送っていたのかなって……。それに気付かなかった私は完全に母親失格ですね……」と。

そして、彼女は娘さんが亡くなってからずっと同じ夢を見続けている。

夢の中の娘さんは、かつてのように背を向けてはいない。ただ、生前とは別人のようにじっとうらめしい顔で彼女を見つめてくる。彼女はその度に泣きながら夢の中で謝るのだが、娘さんはずっと彼女を睨んだままだという。

そして、当の彼女も最近、知り合いから言われることがある。

それは、「昨日、○○にいた？」というものだ。

勿論、彼女はそんな場所になど行ってはいない。知り合いによれば、その時の彼女は思いつめた顔でじっと一点を見つめていたそうだ。

「……これって、あの子の時と同じですよね？」

力なく笑う彼女に、俺は何も言えなかった。

最近、彼女は既に覚悟していると言う。

次はきっと、自分が自殺する番なのだと。

本当に危険なモノ

心霊スポットに行った者に怪異が降りかかる……そんな話は聞き飽きるくらいに聞いてきた。勿論、そういった場所に行く者達はそれくらいの危険は覚悟している、いやむしろ何かが起きることを期待しているのだろうと思う。

その場所で不可思議な音を聞いた。

その場所で不可思議なモノを視た。

その場所で怪我をした。

その場所から帰ってから高熱にうなされた。

そして、何度も奇妙な夢を見るようになった……等々。

そんな心霊スポットで起こる怪異の殆どは、その場での極度の緊張感によるものや、偶発的な事故である場合が多い。言ってみれば、ある種の自己暗示にかかっている状態と似ているかもしれない。

しかし、今回書く話はそれらとは明らかに違った案件だ。そして、現在進行形の話ということにもなる。

そこは石川県内に実在する、とある廃工場。以前は繊維関係の工場として沢山の従業員が働いていたが、廃業してからは誰一人近づく者はおらず、そのうちに廃墟と化して若者達の興味をそそった。

別段、その工場で事故や事件が発生したという事例はない。

しかし、壁が崩れて塗装が剥げ、窓ガラスの割れた状態の廃工場はいかにもおどろおどろしく、時が経つほどにその異様さを増していた。

そうしていつしか、心霊スポットマニア達が注目する人気スポットになっていたのである。

当然、その土地には今でも所有者がおり、無断で立ち入ることなど許されてはいない。れっきとした不法侵入に当たる。にも拘らず、若者達はそんなことお構いなしとばかりに連日連夜興味本位でやってきた。

ただ、その場所で幽霊が目撃されたという話はいつまで経っても聞かなかった。いくら雰囲気満点でも何も起こらないのではつまらない。空振りに終わった体験談が出回るとともに、若者達の興味も次第に薄れていった。

が、その廃工場の恐ろしさはそんなものではないのだ。

以前、Aさんにも尋ねたことがある。

あそこの廃工場は、実際のところどうなの？――と。

すると、冷たい視線でこんな返事が返ってきた。

いいですか、Ｋさん。あそこは絶対に近づくもんじゃありませんよ。あの建物はそれ自体、いや土地自体が呪われてるんですから。もしも、Ｋさんが行ったとしても私は何も助けられませんから、そのつもりで……。


そんな興味を失われて久しい廃工場に、今更ながら探索に行った四人組がいた。直接の知り合いではないが、俺も顔ぐらいは知っている連中である。

彼らはちょっとした肝試しのつもりで、その廃工場に潜入を試みた。真夜中に、懐中電灯を携えて、工場内をくまなく探索してきたらしいが、案の定不可解な声や音は聞こえず、勿論、霊の姿を視ることもなかった。

戻ってきた彼らは、仲間達にこう話して聞かせた。

あの場所は何も起こらないつまらない場所だよ。行くだけ無駄だったね――と。

だが、彼らはあの場所の本当の恐ろしさを何一つ知らないのだ。

あの場所の恐ろしさは、その時その場所で体験できるものではない。真の恐怖は無事に帰ってきた時から始まり、そして永遠に続くタイプのものなのである。

まず最初に、毎夜同じ夢を見るようになる。

そして、最初の一人が精神に異常をきたして入院した頃から、忌まわしき呪いは二人目、三人目へと広がっていく。

恐ろしいのは、決して死なせてはくれないことだ。

気が狂った自分自身に怯えながら、永遠に終わらぬ狂気の中を生きていくことになる。それこそ生きた屍のように、ただ息をするだけの生活を、寿命が尽きるまで続けなければならないのだ。

おまけに、もしそうなってしまったら、常に不気味なモノ達を見続けることになる。病院の独房にいても独りきりではない。無数の異形のモノ達と同じ空間で同じ時間を過ごしていることを思い知らされる。

結局、四人全員が次々と錯乱し、同じ病院へと収容された。それも、特別な患者が収容される重い扉を幾つも通った先にある独房へ……。

そんな状況を聞いて、俺は何とか彼らを助ける方法はないのかとAさんに聞いた。これだけの力を持つAさんなら、何とかできるのでないかと薄い望みを抱かずにはいられなかったのだ。

だが、Aさんは真顔で首を振って言った。


あの場所は絶対に近づいちゃいけない場所なんです。

あの場所は呪われています……しかも、生きている間に掛けられた呪詛ではなく、死者があの場所にやって来て掛けていった呪い、言わば呪詛です。

とにかく、あの土地の呪いは永遠に消えませんから。

あの場所に入ってしまったらもう、お終いです。助ける方法なんてありませんよ。

建物を壊そうとしても無駄、呪いに掛かる犠牲者が増えるだけ……。

だから、近づかないようにするしかないんです。

元来、心霊スポットとして有名になっている場所なんて大したことないのが多いんですよ。本当に恐ろしいのは誰も近寄らなくなった土地や建物。

そういう場所や建物って案外身近に存在するんですよね。

だから、Kさんも気を付けてください。そうなったら、私にはどうすることもできませんから……。

Aさんにもどうにもならない場所——それこそ本物の恐怖だと俺は思う。

丑の刻参り

小松市にある安宅住吉神社は千二百年以上の歴史を持つ、石川県でも有数の神社である。すぐ側には日本海が広がり、広大な敷地を持つその神社は勧進帳にも縁があり、地域住民のみならず全国から観光客がやって来る観光名所にもなっている。

人生における道先案内、開運厄除、交通安全、縁結び、そして難関突破の神として認知されているその神社には、陽的な要素しか存在するはずがない——本来ならば。


不可思議な噂を聞いたのは、今から十年以上前のことだった。

神社やお寺の探索を趣味としている心霊マニアの友人から聞いたとある噂……。

それは真夜中の午前一時を回ってからその神社を訪れると、どこからか丑の刻参りの音が聞こえてくるというものだった。

カーン、カーンと木に釘を打ち付ける音。

確かに全国には、京都の貴船神社を筆頭に丑の刻参りで有名なお寺が多数存在していることは俺も知っていた。

しかし、安宅住吉神社に関しては、その御利益から考えるに、丑の刻参りとは全く関係がないように思える。だから俺は、「実際にそれを確かめに行かないか？」という友人の誘いに二つ返事で応じたのだった。

当日はその友人と二人、近くのファミレスで時間を潰し、午前〇時を回ってから神社へと向かった。俺は、丑の刻参りの気配というものを生で感じてみたいという好奇心と、それは危険と隣り合わせの行ためだと思う恐怖心が入り混じり、おかしなテンションだった。

丑の刻参りとは誰かを恨んだ末の呪いの儀式であり、七日間それを続ければ、呪った相手を殺せると言われている。が、逆にその七日間のうちに丑の刻参りをしているところを誰かに見られてしまうと、その呪いが本人に返ってきて、呪った本人が死ぬことになる。

ゆえに、丑の刻参りを行っている者は、万が一誰かにその行為を見られてしまった場合、本気でその相手を殺しに来る。自分に呪いが返ってこないようにするためにはそうするしかないらしく、まさに必死なのだ。

また、丑の刻参りを行っている間、その人は人間ではなくなり、鬼と化していると聞いたことがある。魔にとり憑かれた鬼がこちらを本気で殺しに来るというのだから、それは恐怖以外の何物でもない。

だから、俺達は強力なライト、そして護身用の木刀を持って現地に向かった。危険と分かっていて、手ぶらで行くほど馬鹿ではない。

車を観光用の駐車場に停めた俺達は表参道から御社殿を目指した。

参道は当然真っ暗で、昼間とは明らかに雰囲気が違っていた。

しかし、持ってきたライトは使わなかった。ライトはあくまでも緊急用である。

それにこんな真っ暗な中でライトを点けてしまえば、当然、丑の刻参りを行っている相手にもそれが見えてしまうだろう。それでは意味がない。

しばらくすると、目が暗闇に慣れてきて特に不便は感じなくなった。

俺達は御社殿を皮切りに神社内をくまなく探索していく。

しかし、特に何も変わったものは見つけることもできず、丑の刻参りの音も聞こえてくることはなかった。

正直、がっかりした。確かに噂は噂であって、信憑性は低いとは思っていたが、初めて丑の刻参りをこの目で見られるかもしれないと期待していただけに、かなり拍子抜けしてしまった。

駐車場までの帰り道は参道を使わず、松林の中を抜けていこうと決めた。そのほうが近道だということもあったが、俺達の中では、もしかしたら松林の中を抜けていけば丑の刻参りの音が聞こえてくるかもしれないという淡い期待もあった。

松林の中を歩き始めると、突然空気が変わった気がした。

確かに暗かったが、松林の中はそれほど月の光を遮るものもなく、歩くのに不自由しないだけの明るさは保たれていた。

それなのに、なぜか空気がとても冷たく、まるで水の中を歩いているように足が重く感じられた。妙に息苦しい、圧し潰されそう空気感だ。

俺達は異変について語り合う間もなく、すでに何も喋れなくなっていた。

（とりあえず一刻も早くこの松林を抜けて駐車場に着かなければ……）

お互いそう思っていることだけが伝わってきた。

しかし、俺達の願いとは裏腹に、いっこうに松林は終わりが見えなかった。

事前に調べた地図では速足で五分も歩けば駐車場に着いているはずだった。

それなのに、どこまで行っても同じような松林しか見えず、まるで道に迷ったような錯覚に陥る。

しかし、地図で見た限りでは間違った方向に進んでいたとしても、必ず海か川に辿り着くはずなのだ。

(大丈夫、無心で歩け……)

そう自分に言い聞かせながら歩を進めていたその時——。


カーンカーン……カーンカーン……。


突然甲高い金属音が聞こえてきた。

俺達は思わず立ち止まってしまった。いや、固まって動けなくなったと言ったほうが正しい。

確かに丑の刻参りの現場を見物に来た俺達だったが、今この不安の中でその音を聞きたくはなかった。

全ての感覚が耳に集中する。

そうすると、木に何かを打ち付けている音が、脳内のイメージとともにはっきりと聞こえてきた。

と、その瞬間、友人が持ってきたライトを点灯させて、一気に走り出した。俺も弾かれたように友人の後を追った。

「どうしたっ？」

俺の問いかけに友人は走りながら答える。

「丑の刻参りの音がっ……近づいてきてる……間違いないっ……」

絶対に聞きたくなかった言葉を聞いてしまった俺は、必死で友人に追いつくと離されまいと全速力で走り続ける。

だが、俺も気づいてしまった。丑の刻参りの音がどんどんと近づいてくるばかりか、四方から囲まれていることに。音は後ろからだけでなく、四方から近づいてきているのだ。

だとしたら、いったいどの方向に逃げればいいんだ？

俺達はついにその場で立ち止まってしまった。

その合間にもカーンカーンという音は、どんどんと近づいている。ついにはすぐ近くから聞こえている感覚に襲われた。

耳鳴りがして頭がガンガンと痛くなる。

「どうする!?」

「わかんねぇよ！」

怒鳴るように話していた俺達はその時、ある方向に光が流れるのを見た。

その光の動きはまさに近くの道路を走る車のライトとしか思えなかった。

俺達は一気にその光が見えた方向へと走り出した。
すると不思議なことに、一分とかからずに元の駐車場へと出ることができた。
俺達は、急いで車に乗り込むと一気にその場から走り去った。

が、その際に公衆トイレの入り口に立つ女の姿をはっきりと視てしまった。
白っぽい洋服を着た背の高い女……。
ただその首はポッキリと折れたようにあり得ない角度で曲がり、垂れ下がっていた。

その後、無事に家へと辿り着き、以降は特に霊障も起こらなかった。
その一件があってからは俺は二度とその神社には近づかないようにしているが、俺が調べた限りでは、その神社で自殺や殺人があったという事実は見つからなかった。

だとしたら、あの時視た首の折れた女はいったい何だったのだろう？
今もって謎である。

白い手

これは以前、大学時代の友人から相談を受けた話である。

俺が「人間の体に動物の頭部がついているもの」を恐れるように、彼にも幼い頃からずっと恐怖をいだいてきたものがあった。

それは「手」なのだという。

白くて、細く長い指の手が最も恐ろしいと彼は言った。

そのせいなのか、彼には性別に拘わらず肌の白い友人は一人もいなかった。いや、肌の白い人間を異常に恐れ、近づくのさえ拒んでいるように見えた。

いったい何が彼にそんなトラウマを与えてしまったのか？　というのが今回の話になる。


最初にそれを見たのは彼が小学校にあがる前だった。彼の祖母がガンで亡くなり、幼い彼も当然、両親とともに通夜に参列した。

その時、彼は初めて人間の死んだ姿というものを間近で見た。ただ、眠っているだけのようにも見えるが、触ると冷たい。何か異質なモノのように感じたという。

田舎ということもあり、通夜は祖母の家で行われた。遠方から通夜へ来た彼ら家族も、当然その夜はその家に泊まることになった。それ自体は何も感じなかったが、夜中、トイレに起きた彼は、あり得ない声を耳にする。

それは、死んだはずの祖母の声だった。祖母が大好きだった彼は特に怖いとも感じず、声を辿って家の中を彷徨《さまよ》った。そして、祖母の遺体が安置されている部屋へとやって来た彼は、そこで以後トラウマになってしまうモノを目撃したのだった。

しんと冷えた和室。畳には廊下から零れる僅かな月明かりが差していた。

遺体の納められた棺を見やると、蓋がほんの少しずれている。そこからそろりと一本の手が出て、彼に向かって手招きをしていた。

彼にとって生まれて初めて体験する怪異であり、瞬く間に全身が恐怖に包まれた。

何が最も恐ろしく感じたのかといえば、その手が異様に真っ白だったことだという。

本当の祖母はいつも農作業をしていたせいか、手も顔も肌はいつでも日に焼けていた。だから、棺桶から出ていた手はどう考えても祖母の手には見えなかった。何かもっと邪悪なモノが彼に手招きしていると感じて恐ろしかったのだという。

それから、逃げるように両親が寝ている部屋に戻った彼は、すぐに母親の布団に潜り込んで朝まで震えていたそうだ。

翌日は葬儀には参列せずに一人で外で遊んでいた。どうしても怖くて家の中にはいられなかったのだ。

葬儀が終わり、関西の自宅に戻った彼は、あの日の恐怖ともこれでお別れだと安堵したが、残念ながらそうはいかなかった。あの時に視たモノの恐怖があまりに強すぎたのか、彼はそれからも何度も白い手が手招きしている夢を見てしまう。しかも、夢の中に現れる白い手は通夜の夜の再現だけではない。色々な状況、様々な場所に現れては彼にゆらゆらと手を振ってきた。

彼が白い肌と白い手に異様なまでのトラウマを感じ始めたのはちょうどその頃からだった。それからは親戚が亡くなった時も友達が事故で亡くなった時も決してご遺体との対面はしないようにした。しかし、それでもその白い手は通夜や葬儀の最中、視界の中に入ってきて、彼に向かって手招きをするのだそうだ。

だからもう、彼は仕事関係の方が亡くなられたとしても決して通夜や葬儀には弔問しなくなった。無礼と窘められることもあったが、こればかりはどうにもならない。彼にとってそれは自己防衛に他ならなかった。

そんな彼が三十代の頃、彼の両親が相次いで亡くなられた。勿論、喪主としてその葬儀に参列した彼なのだが、やはりその時にも彼にはずっと白い手が手招きしているのが見えていたという。

明らかにと父親とも母親とも違う白すぎる手……。そして、人間とは思えない程細く長い指……。そんな手がゆっくりと何度も彼に向かって手招きしていた。

他の人には見えないのに、どうして自分にだけそんなものが視えてしまうのか……。彼自身ずっと悩んでいたが、答えは見つからない。それでもリアルで視えてしまうのはあくまで通夜や葬儀の時だけだったから、まだ普通に生きていけたのかもしれない。

その後、彼から電話で深刻な相談を受けた。その時に電話で聞いたのが、ここまで書いた話なのだが、電話をくれた時点ではもう、葬儀に限らず日常的に白い手が視えだしたと言っていた。俺に相談する前に、とある霊能者にも相談したそうだが、かなり危険な状態らしかった。そして、その唯一の対処法も教えてくれたのだが……。
その霊能者は、突然、急逝してしまったのだという。死因は恐ろしくて聞けなかったそうだが、その方が教えてくれた唯一の対処法は、できるだけ遠くへ逃げることなのだそうだ。だから、とりあえず匿ってもらえないか？　という内容の電話だった
そのくらいのことでいいのならと快諾した俺だったが、結局、彼との連絡はそれが最後

になった。

彼はその電話の後、すぐに事故で亡くなってしまったのだ。本当に急すぎる展開に俺は言葉を失い、悲しみに暮れた。

そして、彼が恐れ続けたその「白い手」と突然の死に、何か因果関係があるのかと考えてみた。あってもなくても、彼が戻ってくる訳ではないが、考えずにはいられなかった。


数日後、彼の通夜と葬儀に参列するため俺は関西を訪れていた。

だが、俺はそこで期せずして、彼が恐れ続けた「白い手」を見てしまうことになる。

それは最後のお別れで、棺の中に納められた彼の遺体と対面した時だった。

事故死と聞いていたが、彼の遺体は綺麗に修復されたのか、それほど違和感を覚えるようなものではなかった。ただ一点……彼の左手を除いては。

異様だったのは左手だ。なぜそのなったのかは、今では分からないのだが、彼の左腕の手首から先だけがまるで白粉でも塗ったかのように異常なほど真っ白になっていた。

そして、その左手を見るかぎり、どうしても彼の手には見えなかった。いや、もっと言わせてもらえば、それはどう見ても人間のものには見えなかったのだ。

どうにも気になり、いつも世話になっている霊能者のAさんにそのことを話した。

すると彼女は思い当たる節があるのか、眉を顰めてこう言った。

あ〜、それ……視ちゃいましたか？　できるだけ早く忘れたほうがいいですよ……。そうしないと、命まで持っていかれますから……。

そして詳しいことは教えてくれないまま、この話はおしまいとされてしまった。
やはり彼は、「あの手」を見続けたことで命まで持っていかれてしまったのだろうか。ずっと心のしこりになっている事件だが、こうして書いたことを最後に忘れようと思う。

手首のない

実は、先の話と符合するような話をもう一つ知っている。

彼女がその女の姿を初めて見たのは、幼い頃に参列した祖母の葬儀だった。

沢山の参列者の中にその女だけが赤い服を着て立っていた。葬儀に参列する際には黒い服を着なければいけないと両親から教えられていた彼女はその女の真っ赤な服に違和感を覚えたという。

しかし、それ以上に記憶に鮮明に残っているのは、その女の両手首から先がなかったことだった。彼女は両親から障碍のある人を好奇の目で見てはいけないと教えられていたので、その女のことは誰にも喋らなかった。

ただ一度、その女が壁の中へ滑るように消えていくのを見た時だけは、驚いて母親に話した。しかし、母親は不思議そうに彼女を見ているだけだった。

そして、赤い服の女の人なんてどこにもいないじゃない？　と言われた時、初めて彼女は赤い女が自分にしか見えていないこと、人間ではないかもしれない可能性に思い至ったという。

次に彼女がその女を見たのは中学校の入学式。大勢の保護者の中には赤い服を着ている女性もいたが、例の女の服装はその中においても目立つものだった。綺麗な赤、というよりもどす黒い赤で、血のように濁っている。相当異様に見えたが、やはり周りの保護者達にはその姿が見えていないように感じたという。

何より不思議だったのは、彼女がいつその女のほうを見ても、必ずその女と視線が合ってしまうことだった。まるでこちらを監視しているようで怖くなったという。

そして、三度目は彼女の高校の入学式。やはりその日も赤い服を着ていて、彼女のほうを見ていた。おまけにニタニタと笑っているようにも見え、ギラギラとした眼は不気味という他なかった。

四回目は大学の入学式。その時には保護者がそれほど出席してはおらず、保護者席の最前列に陣取って相変わらずギラギラと輝く目で彼女を見つめていた。

それからはその女が現れることもなくなり、彼女自身その女の存在を忘れかけていたらしいのだが、三十歳を過ぎた頃、その女と五回目の対面を果たすことになってしまう。

それはいつも優しく世話を焼いてくれていた叔母の葬儀の席だった。通夜の席にその女は現れて、ずっと葬儀場のいちばん後ろの壁の前に立っていた。

しかし、その時に改めて気づいたことがある。それは、女の着ている赤い服がどんどんどす黒い赤になっていき、その時にはもう殆ど黒に近い色合いになっていたということだ。

さらに恐ろしかったのは、その女の両眼が尋常ではないほどに大きく見開かれており、もうあのニタニタという嫌な笑みすらなかったこと。そこにあるのはあまりにも無機質で感情のない、能面のような表情。そしてやはり、参列した弔問客の誰にもその女の姿は見えていないようだった。

女の姿は、ちょうど午前○時になる頃にフッとその場から消えており、翌日の葬儀にもその女の姿を目にすることはなかった。

しかし、葬儀の際に彼女はお坊さんから声を掛けられた。

「失礼ですが貴方、もしかして……昨夜通夜の会場に来ていた赤い服の女の姿が視えていたのではありませんよね？」

彼女は驚いて聞き返していた。

「え？　お坊様にも視えていたんですか？　私、幼い頃からあの女の人の姿が視えてしまう時があって……。きっと自分にしか見えないのだろうと思って、ずっと不安だったんです。良かった……」

すると、お坊さんは顔色を変えて彼女にこう聞いてきた。

「幼い頃から視てるですって……？　本当なら大変なことだ……。今までに全部で何度、あの女を視てしまったんですか？　そして、その女の顔や特徴も視えているんですか？」

怖いほどの勢いでそう聞かれ、彼女は間違えないよう必死に記憶をたどり数えた。

「昨日で、ちょうど五回目です」

そして、その女には手首から先がないこと。

着ている赤い服がどんどんとどす黒くなってきていること。

いつもニタニタと笑っていた女の顔が、昨夜は完全な無表情に変わっていたことなどを説明した。

お坊さんの顔は、彼女の話を聞いているうちにどんどんと強張っていき、最後には辛そうにこんな話をしてくれた。


もう貴女もお分かりだとは思いますが、あの赤い服を着た女はこの世の者ではありません。そして、亡者でもなければ死に神でもない……。正体が全く分からない相手なんです。ただ一つだけはっきりしているのは、その女の姿を七回視てしまったらもう助からないということです。貴女は、その女の顔や手首の欠損、特徴や変化などもしっかりと視てしまっている。そうなるとかなり厄介なのです。あの女のことを知っており、その姿が見える私達でも、その顔や特徴まではぼやけてしまって視えていないのです。

だから絶対に助けられる方法というのはありません。ただ、延命する方法はあります。これから三日間、うちのお寺でしっかりとした浄化をさせてもらいます。それはその女に対するものではなく、あなたの姿を一時的にその女から視えなくするためのものです。いわば応急処置のようなもの。

そして、その三日間が終わってからは、こちらからお渡しする護符を常に身につけてもらいます。まあ、それでどれくらい安全を保てるのかは分かりませんが、できる限りのことはやってみます。とにかく、人の集まる場所には近づかないことです。あの女は、人の集まる場所を好みますから……。

もし、その女と六回目の遭遇をしてしまった時には……もう諦めるしかないのかもしれません。七回目は時間の問題、後は……神に祈るだけです……。

彼女は言われた通りに三日間の浄化を受け、以降は常に護符を身につけて過ごすようになった。忠告通り、人が集まる場所へは絶対に近づかないようにしている。そうして神に祈りながらの生活を続けている。

しかしつい最近、彼女は会社内でその女の姿を視てしまったのだという。それで、合計六回目。その姿や顔、そして特徴は、口に出したくないほど不気味なものに変化していたという。

女に七回目がこないこと——無事に生き長らえることを祈るしかない。

夢に出てきたおばさん

これは地元、石川県の女性読者さんから聞かせていただいた話になる。

彼女は石川県で生まれ、親の仕事の都合で生まれて間もない頃、大阪に移り住んだのち、小学校にあがる頃に再び父親だけを残して母親と石川県に戻ってきた。中能登町にある、母方の祖父の家で暮らすことになったそうだ。

当時、彼女の母親は朝五時から工場で油揚げのパッケージをする仕事に従事していた。父親は単身大阪に残っており、母親は朝早くから仕事に出かける。当時五歳くらいだった彼女にとって、朝五時前に出かけていく母親を見送りに早起きするのはいかんせん難しかったが、心の中ではいつも仕事に出かける母親を見送ってあげたいと思っていたそうだ。

そんなある日の朝、季節は晩春から初夏という頃だった。いつもはどうしても起きられない彼女が、その朝だけは午前四時頃にぱっと目が覚めた。彼女は嬉しくなったが、なぜかその日は不思議な夢を見ていた。夢の中におかめのような顔をした知らないおばさんが出てきたのだ。

あのおばさんが私を起こしてくれたのかな?

子供らしく、そんな風に考えていたらしいが、まだ母親が出かけるまでは時間があったので、彼女はふと朝の空気を吸いに外に出てみようと思った。

玄関を出てみると、向かいに一台の白い車がマフラーの湯気を立ち上らせながら停まっていた。まだ外は暗く、車のエンジン音だけが低く耳に響いてきた。

こんな田舎に、まだ朝も暗いうちから一台の車が家の向かいに停車している……。それだけで何か不思議な光景に感じたという。

そうして彼女が車を見つめながら立ち尽くしていると、その白い車がこちらに向かってきた。運転席に一人、後部座席に二人の女性が座っていたという。後部座席に座った一人の女性と目が合った瞬間、彼女は吃驚して目を見開いた。その女性はついさっき、夢の中で見たおかめのような顔のおばさんと同一人物にしか見えなかったからである。

正直、それだけでも怖かったのだが、その女性はわざわざ窓を開けてきた。

そして、彼女に「また会ったわね」と声を掛けてから、走り去ったのである。

そこからは記憶が曖昧でよく覚えていないらしいが、玄関で騒いでいた彼女の所に祖母が何事かと起きてきたという。

そんな彼女は今では看護師の仕事に就き、職業柄、年に何回かは不思議な体験をするそうだが、その時の不思議な怖さがいちばん印象に残っていて、今でも忘れられないのだという。

酒宴

彼の趣味は草花の写真を撮ること。だから、いつも自慢のカメラを仕事中も持ち歩いて、目に留まった草花を時間をかけて丁寧に撮影する。そんなに草花が好きならば、きっと自分の部屋にも沢山の鉢植えが置かれているのだろうと思えば、そうでもないという。

草花は自然の中にあってこそ美しい。草花にも命がある。花が咲き、種子を残し、また花が咲く。人間やどんな動物でさえ比較にならない程、永遠ともとれる命を持っている。それを人間の手で絶つなど言語道断である……というのが彼の理念であり、口癖であった。

そんな彼は既婚者で、小さなお子さんもいるのだが、独身時代からずっと続けていることがある。それは年に一度か二度、人が誰も来ないような深い山へ入っていき、草木や花の写真を撮るということ。泊まりがけで、夜は焚き火の傍でうつらうつらしながら好きな酒を飲み、翌日の午後まで山の中で過ごす。山中で一人夜を明かすと聞くと、とても怖い思いをするのではないかと思ってしまうが、虫の音や風の音の中で飲む酒は最高に美味しいのだという。

彼はその年、仕事で忙しい日々が続き、やっとのんびりと休日を過ごせるようになったのは、秋も深まりかけた頃だった。彼が住んでいる市街地でも既に朝晩はとても寒く感じるようになっていたから悩んだらしいのだが、結局、彼は秋の山へ一晩過ごしに出掛けることにした。

前日の金曜日はできるだけ早く帰宅して早めに寝た。そして朝、まだ暗いうちから車で自宅を出発し、お目当ての山へと向かった。県境を越えて三十分ほど走ると、次第に山道に差し掛かってきた。彼はすぐに車を邪魔にならない場所に停止させると、トランクから用意しておいた大きなリュックを取り出して背負った。手には愛用のカメラ。これでトレッキングの準備は万端だ。

今回入るのは初めての山で、どうしてその山を選んだのか自分でも説明がつかない。地図を見て、次の予定を考えていた時にふと目に留まったのがその山だった。とにかく、その山に行けば、きっと素敵な草花の写真が撮れるだろうなという気がしたのだという。

言ってみれば、第六感で選んだ山だが、歩き始めてすぐに彼はその山を選んで正解だったと嬉しくなった。とにかく本当に沢山の種類の秋の草花が咲き乱れていた。彼は童心に返ったように嬉々として撮影を続けた。まさに時間を忘れて撮影に没頭していたのである。

しかも、山の奥に分け入っていくにしたがって、彼が見たことも聞いたこともない草花が沢山咲き誇っている。だから、彼は昼飯を食べるのも忘れて山の中を駆けずり回った。

まさに宝箱でも見つけたような気分で……。

気が付いた時には、もう夕暮れが迫っていた。彼は慌ててその夜、焚き火をして過ごす場所を探した。すると、小さな小川が見つかり、彼はその小川のほとりで夜を明かすことに決めた。日中、歩き続けたせいか、無性にお腹が空いている。

彼は枯れ木を集めて少しだけ開けた場所に携帯用の椅子をセットした。そして、いよいよ焚き火を起こし、お湯を沸かす。本来ならば、その焚き火で料理を作り、それを肴に酒を飲むつもりだったが、昼飯用の弁当に手を付けていなかったこともあり、彼は晩飯をその弁当で済ませると、そそくさとお気に入りのウイスキーをバッグから取り出してお湯割りにして飲み始めた。深い夜の山に一人きり。美味い酒。そんな時でも彼は音楽も聴かなければ、ラジオを聴くこともしなかった。自分の耳に入ってくる自然の音。小川を流れる水音や虫の音、草木を揺らす風の音が最高のBGMになっていた。

それにしても、彼は自分でも不思議に感じていた。いつもならば、荷物が重くならないようにとウイスキーをアルミ製のフラスコに入れ替えて少しだけ持ってくるのが常だというのに、なぜ今日に限って瓶のまま持ってきたのだろう。不思議と荷物が重くなることなど気にならなかった。何となくではあるが、そうしたほうが良いような気がしたのだという。

しかし、その夜はなかなか酔えなかった。山の中で楽しむウイスキーはまさに至福の時間であり最高の美味さだった。そんな中で飲んでいると、いつもはさっさと眠気に襲われてしまい、知らないうちに寝落ちしてそのまま朝を迎えるのだが、どうした訳かその夜だけは全く眠くならなかった。勿論、彼としてもそんな至福の時間ならできるだけ長く堪能したいという気持ちもあったから、特に問題はなかった。そうしてちびちびと飲み続けていると、やがてウイスキーを割るお湯が切れた。しかし彼の体はもうかなり温まっていたから、お湯割りは止めて、そのままストレートで飲むことにした。

どれくらいの間、飲み続けているだろうか。ふと彼が時計を見ると、既に時刻は午前○時を回っていた。もうこんな時刻か……。そう思った時、暗闇の中を誰かが歩いてくる足音が聞こえた。

最初は焚き火の音かと思った。が、どうやらその足音は枯れ枝をパキパキと折りながらゆっくりとこちらに近づいてきている。彼はこれまで山で怖い思いをしたことなど一度もなかったから、その時もきっと自分と同じように夜の山で一夜を過ごしていた物好きが焚き火の明かりを見て近づいてきたのだろうと思った。確かに過去にはそんな経験もあった。

しかし、よく考えるとやはり奇妙だった。足音は漆黒の闇の中をこちらに向かって近づいているのだが、彼のほうからは明かりらしきものは何一つ確認できなかったのだから。

こんな真っ暗闇の中を明かりも持たずに歩けるものだろうか……。

そんなことを考えていると、少し不気味さを感じた。だから彼は、登山の際に使う杖を手元に手繰り寄せてしっかりと両手で握った。彼の耳と目は、真っ暗な森の中を近づいてくる足音に全神経を集中させていた。一秒、二秒がとても長い時間に感じる。

すると突然、森の中から大きな何かが姿を現した。身長は二メートル近くあった。そして、ボロボロの粗末な着物を着たその顔は明らかに老人の顔だった。ただし、人間でないのは彼にもすぐに分かったという。

その顔には眼というものが存在していなかったのだ。大きく裂けた口と大き過ぎる耳と鼻……。頭には頭髪らしきものはなく、その代わりに角のようなものが額から大きく突き出ていた。

なんなんだ……これは？

さすがの彼も恐怖で固まってしまった。ソレはしばらく彼のほうに顔を向けていたが、やがて焚き火の近くの地面にすとんと腰を下ろした。そして、じっと焚き火の火を見つめるような姿勢をとった。その仕草はなぜかとても人間らしいものに見えた。

彼は逃げ出す訳にもいかず、どうしたら良いものかと思案していた。すると、少しずつ恐怖が消えていくような気がしたという。何をしたら良いのか、結局、妙案など浮かぶはずもなく、何げなく自分の近くに置いてあったウイスキーをキャンプ用のステンレスのカップに注ぐと、それを異形の前に置いた。

しばらくは何も起こらなかったが、やがてその異形がそのカップに手を伸ばし、そのまま口へと運んだという。

その時、彼は不思議なことに、怖いよりも嬉しいと感じたという。確かにその異形の姿は不気味としか言いようがなかったが、それでもこんな山の中で二人きりで酒を飲んでいる。そんな時間がとても貴重な時間に思えたという。

彼とその異形は、お互いに何も話すこともなく、しばらく黙ってウイスキーを飲み続けた。そして、いよいよウイスキーの瓶が空になってしまうと、その異形はゆっくりと立ち上がり、また夜の森へと消えていった。

彼はその後、とても充実した気分になり、そのまま眠ってしまったという。


目が覚めると既に陽が高くなっており、寝ていた彼の横には沢山の木の実や果物が置かれていた。

それから彼は毎年、決まってその山に行くようになった。他の荷物を少なくし、その分、何本かのウイスキーの瓶を持っていく。異形は毎年、彼が焚き火をしていると、まるで彼がやって来るのを待っていてくれたかのように現れる。相変わらず言葉はない。ただ二人で焚き火を囲み、ウイスキーを楽しんでいる。お互いに喋ることもなく、意思の疎通も図れている訳ではないが、それでも彼が山を下りる頃には、知らぬ間に彼の荷物の中に沢山の木の実や果実が入れられている。

山の怪談は数多く聞くが、こんな怪異ならいつか俺も体験してみたい。

目覚めたら……。

こちらは深い山ではないが、やはり山で以前、俺が体験した話になる。

当時はまだ夜遊びが楽しくて仕方のない毎日を送っていた俺は、仕事中でも午後になるとかなり眠たくなる日々が続いていた。仕事が終わるとすぐに友達と車で遊びに出かけ、帰宅するのはいつも午前一時以降。寝たと思ったらもう朝で、何とか起きて会社に向かう。そんな感じだったから昼飯を食べてからの睡魔ときたら本当に辛いものがあった。

それでも、その頃は仕事も忙しく、担当する客先も多かったからなかなか昼寝などできる状態ではなかった。それでも年に数回、どうしても運転に支障が出るほどの睡魔に襲われた時にはきっぱりと仕事のことは忘れて仮眠するようにしていた。それは、上司からのアドバイスでもあったし、何よりそんな状態で営業車を運転し、事故でも起こしてしまった日にはそれこそ取り返しがつかないことになるのは明白だったからである。

その日もちょうどそんな状態だった。夜更かしが過ぎた俺は殆ど睡眠をとらないまま仕事を続けていたが、運転中にどうしても目を開けていられない状態になってしまった。

（だめだ、今日の仕事はもう諦めよう……）

そう思った俺は、ルートを変更して金沢市の郊外へとノロノロと車を走らせた。

仮眠をとる場所はいつも決まっていた。郊外のスキー場へ向かう細い道を上った所にある少し開けた場所。そこで仮眠をとると、誰にも邪魔されず頭がスッキリとするのだ。他の車に出会ったこともなければ、人にも出会ったことがない。絶好の仮眠場所だった。

無論、スキーシーズンや何かの催しがある場合にはそうはいかないのだろうが、少なくとも俺が利用する時間帯は、いつも快適過ぎるほどの場所になっていた。細い山道をくねくねと登っていくと、十分くらいでいつもの場所に出た。そこからは白山市内が遠くまで見渡すことができたし、空気も澄んでいてとても気持ちが良い。

俺はいつもの木陰に車を停車させると全てのドアをロックしてからエンジンを止めた。そして、いつものように運転席のシートをいちばん後ろまでスライドさせてから、贅沢にシートを倒した。まさに完璧な仮眠用ベッドの完成である。そのまま体をシートに預け、静かに目を閉じると一瞬で眠りに落ちてしまった。

とてつもなく深い眠りの中にいたような気がする。

強い耳鳴りのような感覚に襲われた俺は、ハッとして目を覚ました。一瞬、自分がどこにいるのかすら思い出せなかった。それくらい深い眠りだったのか……。

ゆっくりとシートを起こしてペットボトルの飲み物を一気に飲み干した俺は、何げなく時計を見た。午前一時過ぎ……。完全に寝過ごしていた。俺は慌てて携帯を確認したが、幸いどこからも着信履歴は残されていない。ホッと安堵しかけて、待てよと思う。

いや、違う。そうではなかった。明らかに携帯の電波が圏外を表示していたのだ。ここに車を停めていて、そんなことは初めての経験だった。それほど市街地から離れている訳でもなかったし、その場所から何度も携帯を利用したこともあった。

それが、どうして圏外になっているのか——？

訳が分からなかったが、とりあえずは会社に戻るしかないと判断した俺は、車のエンジンを掛けようとキーに手を掛けたところで固まった。

前方に、誰かが立っている。

それはちょうど白山市の夜景が見渡せる崖のギリギリの位置に立っていて、こちらに背中を向けていた。どうして俺がその場で固まったのかといえば、それが子供の姿だったからだ。しかも一人ではない。少なくとも十人くらいの子供達が横に並んでこちらに背中を向けていた。その後ろ姿からは、何か眼下に獲物を探しているかのような邪悪で不穏な空気が感じられた。しかも、時刻は既に午前一時を回っている。そんな時刻に普通の子供がこんな場所にいるはずがなかった。

目覚めたら……。

俺は背中に冷たいものを感じながら、逃げ出したい心とは裏腹に身動きが取れなくなっていた。

これはきっと、見つかったらヤバい……。

そう思った俺は、再びシートを倒して静かに体を預けた。心臓の鼓動がどんどんと速くなっていく。しかし、ここにずっといれば危険が増すような気がして仕方がなかった。

俺は再びシートを起こして前方を確認した。刹那、心臓が止まりそうになった。

先程までこちらに背中を向けていた子供達が全員俺のほうを向いていた。まずい。今度こそ本当にまずい……心の底からそう思った。

俺は急いで車のエンジンを掛けようとした。もしかしたら、エンジンが掛からないのではないかという不安もあったが、何事もなくエンジンは掛かってくれた。車のライトを点けて急発進させると、子供達の横をすり抜けて猛スピードで細い山道を下っていく。早く、早く国道まで戻って安堵したかった。しかも、その道は俺が走り慣れている道。だから、かなりのスピードで山道を駆け下りていたのだと思う。

ところが、ルームミラーには信じられない光景が映り込む。先程の子供達が山道を駆け下りてくるのだ。まるでおもちゃのねずみでも追いかけるように楽しそうな顔で……。

俺の車は少なくとも時速五〇キロ以上は出ていた。そんな速度で走ってついてこられる人間などいるはずがない。しかも、俺の車はカーブに差し掛かる度に子供達に追いつかれ、車体をゴンゴンと拳で叩かれていた。まさに生きた心地がしなかった。

しかし、何とか国道が見える場所まで下りて来た時、突然子供達の動きが止まった。まるで、そこからは前には出られないかのように……。

今でも思う。あの時、あの子供達があの場所で止まらなかったとしたら、俺は無事に今も生きていたのだろうか、と。

あの子供達はもしかすると、何らかの理由で山に集まってきた悲しい霊達なのかもしれない。自分の意志とは別に、あの山に囚われている……。だから、自分では山から出られないのだと、そんな気がしてならなかった。

そう考えると、恐ろしいながらも少し可哀想になってしまった出来事だった。

目覚めたら……。

おもちゃ

子供の群れと言えば、知人からこんな話も聞いた。

その時、彼は一人で廃墟探索に来ていた。彼は心霊マニアという訳ではなく、ただ廃墟を撮影するのが昔からの趣味で、ライフワークにしているような男だった。

最近は動画投稿サイトに廃墟探訪が沢山アップされているので、自分もうまくすれば小遣い稼ぎになるかもしれないと思い立ち、ますます熱心に毎週末撮影に出かけていた。

廃墟の情報はネットで検索すれば簡単に見つけることができた。ただ、彼としてはできるだけ他の人が知らない廃墟を撮影したいと常に考えていた。

その日も土曜休みということで、彼は朝早くから準備をして車を運転し、目星を付けていた廃墟を目指していた。

そして、それは本当に偶然の出来事だった。

どうやら道を間違えてしまったようで、本来曲がらなければいけなかった場所の少し手前で脇道に入ってしまい、そのまま道なりに上っていった。最初はそれなりの道幅が確保されていたが、それもどんどんと細くなり、やがて未舗装の砂利道へと変わった。そこに至って、彼は自分が道を間違えてしまったことに気がついた。

だが、とてもUターンなどできる道幅ではなく、仕方なしに彼はそのまま細い道を上っていった。道のほうまで伸びた草や枝が、車のボディを擦り始める。

もしも、こんなところで対向車が来たら……。

もしも、このまま上って行ってUターンできるような広い空間に出なかったら……。

彼はどんどんと心細くなる不安感と闘いながら必死に車を走らせた。

すると、突然目の前の視界が開けた。

舗装こそされていないものの、十分にUターン可能な広い土地が広がっている。何より彼を沸きたたせたのが、そこに建っていた廃屋だった。木造の平屋建てだったが、屋敷と呼べるほどに広大なものだった。

これって廃墟なのか……？

彼は車から降りてその廃屋へと近づいた。玄関の引き戸には大きな釘が何か所にも打ち付けられており、更にその外側にもバリケードのようにして大きな鉄製のテーブルが置かれていた。屋根を見上げた彼は、家の中へと電柱からの線が引き込まれていないことも確認した。

予定していた所より、こっちのほうが良さそうだな……。

彼はそう思うと、急いで車に戻り、エンジンを切った。用意しておいたリュックを背負い、再びその廃屋へと近づく。どこか侵入できそうな場所はないか、家の周りを丹念に調べていった。

家の周りを歩いて見ているると、その家の大きさに改めて驚かされた。ただ、その大きさに見合わず、勝手口など玄関以外の出入り口になるようなドアが全く見当たらない。いや、ドアだけではない。その家には窓というものが殆ど存在していなかった。

いったいどんな生活をしてたんだよ……。

そう思いながらも彼はビデオカメラを回しながら入り口を探す。すると、通気口らしきものがようやく見つかった。

体を捻れば、何とか中へ入れそうである。彼は躊躇することなく、一気に下半身を通気口に押し込むと、そのまま足を何度か捻り、滑るようにして家の中へと侵入することに成功した。

家の中は真っ暗で、何も見えない。窓がないのだから当然そうなるだろう。

彼は急いでリュックから大型の強力ライトを取り出し、スイッチを入れると部屋の中を照らしてみた。

どうやらそこはキッチンのようだった。何もない空間に、流し台だけが無造作に置かれていた。

窓もないキッチンで、かつての住人はいったいどんな料理を作っていたのだろうか……。

そう考えると、少し背筋が冷たくなった。それでもその時の彼は恐怖よりも好奇心のほうが勝っていたのだろう。彼はライトの明かりだけを頼りに、さらに暗い家の奥へと入っていった。

しかし彼は、徐々に後悔にも似た絶望を感じ始めてきた。もしかしたら、自分はとんでもなく危険な領域に侵入してしまったのではないか。家の中は無機質なほど何もなく、ただ白い壁が続いているだけ。窓もなく、部屋と呼べるのは先程のキッチンらしき場所くらいだった。

キッチンと廊下しかない家が、どうして外から見るとあんなにも巨大な屋敷に見えたんだ……？

考えれば考えるほど頭は混乱してくる。そして、一つだけはっきりしたことがあった。それは彼の精神がもう、その状況には耐えられなくなってきているという事実だった。

彼は今すぐその家から出ようと決心した。出口は先程のキッチンの脇の通気口しかないのは理解している。そして、今、自分がいるのはそのキッチンからかなり離れた廊下だ。

すぐにでも方向転換をして、今通ってきた廊下を抜け、キッチンの通気口に向かわなければいけない……そう思っていた。

だが、次の瞬間、彼は立ち止まることも振り返ることもできなくなっていた。何者かの足音が、背後からずっとついてきているのに気づいてしまったからだ。

こんな廃屋に、実はまだ人が住んでいたなどという展開は考えられなかった。いや、もしもそうならば、それでもいい。住人に見つかって叱られようと、警察に通報されようと、そのほうがどれだけ気が楽か……。そう本気で思うほどに、背後から近づいてくる足音は恐怖以外の何物でもなかった。

ただ、その足音は大人の足音というよりも、もっと体重の軽いもの……子供が裸足で歩く足音に似ていた。その事実が、彼にはより強い恐怖となって圧し掛かっていた。どう考えたってこんな廃屋に子供がいるはずがない。もしもいるとしたら、それは……。

一度そう思ってしまうと、恐怖で足が上手く動かせなくなった。

その時、彼は前方に予想だにしないものを見てしまった。それは、廊下の突き当たりに置かれた無数のおもちゃだったという。年代はバラバラであり、プラスチック製の物もあれば、古いブリキのおもちゃやセルロイド製の物もあった。そんな雑多なおもちゃが、無造作に廊下のいちばん奥に置かれていた。

突然、彼の横を走り抜けるような足音が聞こえた。それは一人ではなく沢山の子供達に感じられたという。見れば、どこからか湧いてきた子供達が、そのおもちゃで楽しそうに遊び始めている。しかし、どの子供も全く声を出すことはなく、一心不乱におもちゃと戯れていた。

彼は目の前で何が起こっているのか、全く理解できなかった。しかし、はっきりしているのは、逃げるとしたら今しかない……ということだった。彼はできるだけ足音を立てないように背を向けると、そのままゆっくりと廊下を進んだ。本当は走り出したいほどの恐怖を感じていたが、そんなことをしたら全てが終わってしまう……そんな確信があったのだという。

背後が気になる。子供らが気になる。それでも彼は何とか我慢して、前だけを見た。もしここで振り返って、すぐ後ろにあの子供達がいたら……。

そう考えると、とても振り返る勇気など持てなかった。細心の注意を払い、キッチンまで辿り着いた彼は、今度は急いで通気口に上半身を突っ込んだ。そして、体をジタバタさせて何とか早く外へ出ようともがいた。が——なぜか下半身が上手く抜けてくれない。

なんで抜けないんだ！

彼は自分に怒りをぶつけるように、自分の足元を見たという。

そして後悔した。そこには彼の足に纏わりつくように無数の子供らがしがみ付いているのが見えた。

「……!」

悲鳴を上げられたのか、それすら定かではない。彼はもう、恐怖で何も考えられなかった。そしてその恐怖は、きっと痛みの感覚さえも麻痺させてしまっていたのだろう。

確かに一瞬、チクッとした痛みを足に感じた。

しかし、彼はそのまま強引に足を引っこ抜いたという。すると、彼の足は何か嫌な音をさせながらスルッと抜けた。

彼は急いで車に飛び乗ると、そのまま元来た道を懸命に駆け下りた。ハンドルを握りながら、彼はそこで初めて尋常でない激痛を感知した。見れば、自分のズボンの裾が血で真っ赤に染まっている。何とか大きな道まで戻った彼は、その場で助けを呼び、そのまま意識を失ってしまった。

次に彼が目覚めた時、彼は病院のベッドの上だった。そして、医師から聞かされたのは、自分の足の皮が全て剥がされ、かなりの出血のため、もう少し遅ければ命を落としていただろうという事実だった。

その後、何とか無事に退院することができたが、彼の両足の膝から下の皮膚は移植された皮膚のために、現在も継ぎ接ぎ状態のままだ。

後日、事情聴取を受け、警察官と一緒にあの時の廃屋へ行ったらしいが、既にその廃屋は跡形もなく消えていたという。

ゴミ収集員

これは以前、ゴミの収集員をされていた方から聞いた話になる。

彼がその仕事をしていた時は、一台の収集車に三人が乗り、市内のゴミの日の収集を行っていた。朝早くからの仕事になるが、その分終わるのも早く、しかも風呂やシャワーを浴びたり簡単な食事まで用意されるので、休日が少ないことを除けば、案外恵まれた職業なのだそうだ。

その日も収集で各町会を回っていたが、ゴミ出しにはその地域ごとに個性が表れるという。分別をしっかり管理し、数人の係で監視している町会があるかと思えば、完全に好き放題にゴミが出され、カラスの餌場のような状態になっている町会もある。それでも収集員は文句一つ言わず、黙々とゴミを収集車の中に押し込んで次から次へと町会を回っていく。本当に大変な仕事だと俺は思う。

そんな彼だが、以前、とても不思議な体験をしたのだという。

それは彼がその仕事に就いて三年ほど経った頃のことだった。ようやく仕事にも慣れ、自分の受け持つ仕事をしっかりとこなせるようになっていた。

　彼が担当していたのは、ゴミの集積場に着いたら真っ先に車から降りて車の誘導をし、ゴミが積み込み易い場所に車を停車させる役目。それから仲間と一気にゴミを収集車に投げ入れていく。

　ゴミ収集車一台で一日に回る場所はかなり多く、一か所にそれ程時間を掛けてはいられなかった。だから最初は緊張の連続で、周りを見る余裕など全くなかったそうだが、さすがにその頃になるとある程度は余裕も出てきて、周りの様子を確認しながら作業できるようになっていた。

　そして、彼はあることに気づいたという。ある町会のゴミの集積場に行くと、いつも一人の女性が近くで作業を覗き込むように立っているのだ。二十代らしきその女性はとても綺麗な方で、なぜかいつも同じパジャマ姿だったという。

　彼は毎回その女性に、危ないですから近づかないでくださいね！　と声を掛けていたそうなのだが、その女性は彼の声が聞こえていないのか全くの無反応だった。もしかしたら耳が不自由な方なのかもしれないと彼は考えていたそうだ。

　女性は雨の日も晴れの日も、そして大雪の日でも傘もささずに彼らの作業を黙って見つめていた。その頃から彼は彼女に何か不可思議なものを感じていた。だから、仕事が終わってから同僚にその話をしたらしいのだが、いつも彼と一緒に作業をしている同僚達はそんな女性など見たことがないという。

それならばということで、次の収集日にそのゴミ集積場で、実際にその女性のほうを指さして教えてみた。「ほら……あの女性ですよ！」と。が、やはり同僚には何も見えていないのだと分かった。ここに至ってようやく彼はその女性が生きている人間ではないのだ、と確信したという。

しかし、確かに不思議ではあったが、なぜか怖さというものは感じなかった。それよりも、その女性を見ていると、何か助けてあげなくては……という気持ちになるのだという。

そして、もう一つ気づいたことがあった。当時はまだ自治体の指定のゴミ袋でなく、自由に購入した物を使えていたらしく、その女性はなぜか黒いゴミ袋だけに過剰な反応を見せるということだった。水色や白のゴミ袋には関心を示さず、黒や濃いグレーのゴミ袋にだけ身を乗り出すようにして覗き込んでくる。しかし、彼にはなぜその女性が死んでからもずっとゴミ捨て場に佇んでいるのか、全く理由が分からなかったという。

だが、一年ほど経ったある時、その女性が初めて彼に話しかけてきた。

「私……この車に乗ったんです……」

そう言われたが、彼にはその言葉の意味が理解できなかった。

どうして、ゴミ収集車に乗ったことがあるなどと言うのだろう？

しかし、それから半年くらい経った頃、彼は思いがけない真実を知るに至った。それは近くに住む男性が殺人と死体遺棄の容疑で逮捕され、更にその男には余罪もあったことが判明したのだ。そして、捜査が進むうちに、発覚した事件の被害女性だけではなく、それ以前にも一人、女性を殺しているということ、さらにはその遺体をバラバラに切断して、遺棄していたことも自供したという。

恐ろしいことにその男はバラバラにしたその女性の遺体を粉砕し、黒いポリ袋に入れてゴミ集積場に出していた。つまりは彼ら作業員が死体遺棄の片棒を担がされていたのだ。

忌まわしい事件が明るみに出てから、その女性は二度とそのゴミ集積場に現れることはなくなったという。しかし、彼はそれ以来、その仕事を辞めるまでずっとその集積場に行くと、必ずお辞儀をしてからしっかりと手を合わせるようになったのだが、勿論、同僚の中に文句を言う者は一人もいなかったということである。

病院の警備員

馴染みのスナックの常連客に、病院の夜間警備員として働いている方がいる。細身で優しく穏やかな顔つきの彼を見ると、警備員をしているところなど想像がつかないのだが、何も強面で、筋骨隆々である必要はないらしい。

彼が警備員として勤務しているのは、それなりに大きな総合病院である。最初に彼がその病院の警備に配属された時、先輩からは特にその場所特有のルールや、決まり事の説明はされなかった。

「ここは、人間の出入りだけを管理していればいいから」

彼が言われたのはそれだけだった。それまで警備を担当していた企業や商業施設には、必ずその場所特有の申し合わせ事項というものが存在した。それがないとはどういうことなのか。彼の戸惑いを感じたのだろう、先輩は代わりにこう助言してくれた。

「常識とか、これまでの固定観念は捨てたほうがいい。そうしないと、頭がおかしくなってしまうから……。でもまぁ、じきに慣れるさ……」と。

奇妙な現場に少々不安を感じたものの、彼は言われた通り職務に励むことにした。

そうしてしばらくその病院で働くうち、先輩の言っていた意味が少しずつ彼にも分かってきた。

つまりは、〈生きている人間〉の出入りだけを管理しておけばいいのだということが。

病院という場所には、昼夜問わず沢山の人間が出入りしている。それは業者だったり見舞客だったりと様々だが、要は入った人間の数と出て行った人間の数が合えばそれでＯＫだった。勿論、緊急外来など特殊な場合を除いての話になるが、基本はそうだ。

そして、彼が警備している病院では夜間の見回りというものは存在しないという。昼間の見回りは頻繁にするのだが、夜間、時刻にして午後十時以降の見回りは一切行う必要がないのだという。それは、彼が警備する病院だけの特殊なケースなのかもしれないが、確かにその病院では、警備員の夜間の見回りは禁止されていた。

その理由を先輩に聞いてみると、「そんなに見回りたければ止めないけどな……。でも、色んなモノを視てしまうことになるぞ？」そう言われたという。

その話を聞いた時、俺が以前、コンピュータ会社に勤務していた頃、とある教授の担当になり、夜中の十二時にその教授に呼ばれて大学病院へ行ったことを思い出した。その時、殆どの明かりが落とされた病院内で、沢山の不可思議なモノを俺は視た。

誰も乗っていないエレベーターが俺の目の前で停まり、扉が開いたこと……。姿は見えないが確実に近づいてくる車椅子の音……。

生気のない人とすれ違ったのも一人や二人ではなかった。まさに怪異のオンパレードといった状態だった。

やはり病院という場所は人がいちばん多く亡くなる場所。それだけに、その場所に彷徨い続ける亡者の数も格段に多いのだろう。そして、「常識とか、これまでの固定観念は捨てたほうがいい」と言われた意味も次第に分かってきたという。

つまり——生きている人間以外は気にするな。何を見ても何を聞いても、それが当たり前なんだと思い、さっさと忘れてしまうことが大切なのだと、そういうことなのだ。

ただ、最初はやはりそれが難しかった。夜間になると、スーッと入ってきて記帳せず、そのまま病院内に入っていく人がいる。それに気づいて声を掛けようとすると、先輩から袖を引かれ、首を左右に振られる。

「アレはスルーしていいから。そういうものだから……」

そう言われてやっと、ああ、あれは生きている人間ではなかったのだと気づく。それほど〈普通〉なのだ。どこから見ても……普通の入院患者や見舞客にしか見えない。

しかも、そういうスルーしなくてはいけないモノの出入りが本当に多いのだそうだ。

最初は、それが生きている人間ではないと聞かされた時には恐怖で固まった。彼にとっては生まれて初めて経験する幽霊との遭遇であり、それまでの常識だの既成概念だのがガラガラと崩れ落ちた。

幽霊は存在する……霊感など全くなかったはずの自分にも視えてしまった……。

それは本当に衝撃的な出来事だったが、先輩達は優しくこんなアドバイスを送ってくれた。

「結局、生きている人も生きていない人も全部同じだよ。誰もが何かしらの用事があってここを通っていくんだから。死んでいる人達は、我々を怖がらせないように、あえて声もかけずに通って行くんだよ。だから、我々は余計なことを考えず、生きている人の出入りだけを管理していればいいんだよ」——と。

その時、彼は思った。

これまで、生きていない者達が通って行くのを恐ろしく感じていたが、それはある意味、失礼なことだったのかもしれない、と。短い人生、誰だっていつかは死ぬ。だから、敬意を持って気づかないフリをすればいいのだ、と。

とはいえ、まずは見分けがつかないとやりにくい。だから、彼は自分の中でこうルールを決めた。

すなわち、相手から声を掛けてくるのが生きている人間であり、声を掛けてこなければそれは死んでいる人と判断するのだ。

仕事にも慣れてきて今では後輩までいる彼だが、年に一、二回は例外に遭遇する。生きていないモノからも声を掛けられてしまうのだ。

そんな時にはいまだにドキッとして一瞬固まってしまうのだと、笑っていた。

病院の待合室

その頃、彼の母親は持病が悪化してしまい死を待つだけの状態だった。

父親のほうは既に他界していたが、昔から母親とはかなり仲が悪かった。だから、母親の愛情は息子である彼に一心に注がれていたと言ってもいい。どんな時も彼のことを第一に考え、大切に育ててくれた。それは彼が立派に成長し、社会人になってからも変わることはなく、彼のほうもそんな母親の愛情に応えるように、仕事に励みながら精一杯母親の面倒を見てきた。

持病が悪化して入院してからは、仕事終わりに毎日病院に寄るようにし、母を見舞ってきたが、病状は如何ともしがたく、とうとう数日前に医者から余命宣告を受けた。

「覚悟だけはしておいてください」

そう言われたという。

すでに体は相当苦しい状態だったと思うのだが、彼が見舞いに行くといつだって母は明るく、満面の笑顔で彼を迎えてくれた。これ以上はないといった感じで喜びを露わにしてくれるので、余計に見ていて切なく思うのだった。

毎日夜遅くまで働き、すっかり暗くなった病院に見舞いに行っては、日付が変わる時刻まで、母と過ごす。

さすがにここ数日はいつも笑顔だった母も苦しそうで、そんな姿を見ていることも辛い。だから、薬が効いて少し母が眠りに落ちたタイミングで、彼は病室を抜け出した。一階の待合ロビーにある自販機で缶コーヒーを買い、それをぼんやりとした明かりの中で飲み、心を落ち着けるのだ。それがこのところの日課になっていた。

そんなある晩、彼がいつものように明かりが消えた薄暗いロビーで缶コーヒーを飲んでいると、突然、声を掛けられた。

驚いて振り返ると、そこには見知らぬ若い女性が立っていた。パジャマ姿なので、入院患者であることはすぐに分かった。

「こんばんは」と、声を掛けられた彼は一瞬驚いたが、冷静に「あっ、こんばんは」と軽く頭を下げて応えた。続けて、「誰かのお見舞いですか？　こんな遅い時間に……」と聞かれたので、彼は正直に「ええ、身内が入院していて……その見舞いなんです」と答えた。

すると、その女性は彼を見て怯えるような素振りを見せた。

（なんだ、この人……感じ悪いなぁ）

いささかむっとした彼は、持っていた缶コーヒーを一気に飲み干すと、そそくさと母の病室へ戻ったという。

しかしそれからも、彼が一階のロビーに缶コーヒーを買いに行くと、はかったようにその女性が長椅子に座っていた。まるで、彼が来るのを待っていたかのように、だ。

その度に彼は会釈して、「こんばんは」という最低限の挨拶だけをした。

ある日、いつものように病院に行くと、看護師さんに心配そうな顔でこう言われた。

「最近……どんどん痩せてきてますけど、大丈夫ですか？」と。

確かに忙しすぎて食欲がなかったが、体調は悪くなかったので「ありがとうございます！大丈夫ですよ！」と元気な声で返した。

ただその時、彼の頭に中にはふと、毎晩ロビーで会うあの女性のことが浮かんだ。

いつも会うあの女性って……本当に人間なんだよな？

まさか、とり憑かれてるなんてこと……ないよな……。

彼は一瞬浮かんだ愚かな考えを振り払うと、急ぎ足で母の病室へと向かった。

果たしてその夜も、ロビーに行くと例の女性が長椅子に座っていた。

いつもならば、会釈して挨拶するだけだったが、なぜかその時は自分の疑問をはっきりさせたくて思わず尋ねてしまった。

「あの……貴女は人間ですよね？　幽霊なんてこと、ないですよね？」

その言葉を聞いた刹那、女性はぽかんとした表情になったが、すぐに小さく笑った。

そして、真顔でこう言ったという。

「ごめんなさい、確かに私、怪しかったですよね。でも、私は普通の人間ですよ。ただ……普通の人には視えないモノが視えてしまうんです。ですからその、余計なお節介と言われてしまうかもしれませんが、怒らずに聞いてください。

貴方がこのロビーに来る時、いつも……お母さんがついてきているの、知ってました？」

そう言われて思わず彼は固まった。

母親はずっと寝たきりで、薬で眠っている時間も多い。だから、歩いてこんな場所についてこられる訳がなかった。

しかし、自分は彼女に身内が入院しているとは言ったが、それが母親であるとは一言も言ってはいなかったはずだ。だとしたら……この女性の言っていることは、あながち嘘とは言いきれないかもしれない。そう思ったという。

女性は続けた。

「お母さんはいつも貴方のすぐ後ろに立っています。そして……貴方を一緒に連れて行きたがっています。どうしますか？　貴方が一緒に行きたいと思っていらっしゃるのならこれ以上邪魔はしませんが、もしも、そうでないのでしたら後は私に任せて、貴方はこのまま病院から出ていってください。そして残念ですけれど……もう二度とこの病院へはお見舞いに来ないほうがいいと思います」

そう言われたという。

突然の忠告に彼は驚いてしまったが、それでも真剣考えて、とりあえずその日は病室に戻らず、そのまま帰ることにした。


病院から出るまでの間、その女性はずっとついてきてくれた。

夜間出入り口のところで、最後に彼はこう尋ねた。

「あの、どうしていつも、あのロビーに座っていたんですか？　もしかして、私を助けるために……？」

女性は静かに頷いて応えた。

「最初に見かけた時から、ずっとお母さまが傍に立っていたんです。だけどその表情が息子さんを見るような目ではなくて……あっ、これは連れて行こうとしてるな、と。そのうち、会う度に貴方は痩せていって……これは何とかしないといけないと思って、機会を窺ってたんです。お母さまはこの病院からは出られませんから大丈夫です。二度とこの病院に近づかなければ、すぐに体調も元通りになれますよ！」

そう話してくれたという。

その日、自宅に戻った彼の元に、母親の急死を知らせる電話が入った。それはやはり哀しいことではあったけれど、彼は冷静にその事実を受け止めたという。

それ以後、不可思議なことは一切起こってはおらず、彼はいたって健康である。

彼としては、どうにかしてあの時の女性にお礼を言いたいらしいのだが、あれから何度あの病院を訪れても、会うことはできなかったそうだ。

入院した時に

これは妻と俺が体験した話になる。

我が家ではなかなか子供ができなかった。不妊治療を受けたが、明確な原因は判明せず、かなりの出費の末に一時的に治療を中断した。すると、風邪の症状で病院を受診した妻から連絡があり、妊娠していたことが判明した。まあ、世間ではよくある話なのかもしれないが、そんな経緯で娘を授かった次第である。

妻はギリギリまで仕事を続けたので、結局、出産のために入院したのは予定日の五日ほど前だった。所謂、産婦人科が有名な総合病院で、今ならば決して高齢出産と呼べる年齢ではなかったのだが、なぜか高齢出産の女性ばかりがいる六人部屋の病室が割り当てられた。

たぶんその病室には妻よりもかなり年齢の高い女性、達が入院して不妊治療を受けていたのだと思う。順調に出産予定日が近づいている妻とは対照的に、その病室に見舞いに行くと、声を殺して泣く入院女性の声ばかりが聞こえてきた。きっと不妊治療がうまくいかず、医師からも希望の持てない言葉を投げかけられたのかもしれない。そんな感じでお世辞にも最高の出産環境とは言えなかったのだが、それでも妻は予定通り事前に決まっていた日時に帝王切開による出産で、元気な女の子を産んでくれた。

出産を終えると、妻はすぐに個室へと移された。だから内心俺もホッとしていたのだが、その病院では出産した翌日から母親が自力で授乳室へと行き、赤ちゃんに授乳させるという決まりがあった。しかし、帝王切開をした妻が翌日から何度も一人で廊下の手すりを伝い、苦痛に耐えながら授乳室に向かう姿を見て、女性の、いや母親の強さというものを見せつけられた気がした。

そして、俺と妻が怪異を体験するのはちょうどこの頃からだった。

俺が妻を見舞いに行くと、何度か妻が病室にいない時があった。きっと授乳に行っているのだろうと思い、俺も急いで授乳室に向かうと、やはり妻が辛そうに廊下を歩いていく後ろ姿が見える。そして、妻のすぐ後ろを別の妊婦さんが歩いている姿も見えたので、声を出さず静かに後を追っていった。

ちょうど廊下の角を曲がったところで妻に追いつく。しかし、妻の後ろを歩いていた別の妊婦さんの姿は跡形もなく消えていた。そんな体験が何度もあった。その辺りの廊下には他の部屋もなければ、隠れる場所もない。

なんだ、これ？　どこに消えたんだ？

そう思ったが、その時はそんなことに構っている余裕などなかったから大して気にも留めなかった。

しかし、それからも俺は何度か同じ光景を目撃してしまう。そして、ある日の深夜、妻へと見舞いを終えて帰ろうとしていた俺は、もう一度廊下からガラス越しに眠る我が子を見て行こうと思った。

時刻は既に午前〇時を回り、病院内は静まり返っていた。そして、新生児室に差し掛かった時、俺は不可思議な光景を見てしまう。

それは廊下から見るとガラス窓の向こう側。つまり新生児室の中に、一人の女性がぼんやりと立っている姿だった。

古めかしい病院用のパジャマと思しきものを着た女性は少し異質なものに感じられた。そして、何より恐ろしかったのは、その視線の先には生まれたばかりの俺達夫婦の娘がいたのである。

いったい何をしているのかと思い窓に近づいたが、その女性は全く意に介さずといった感じで何の反応もなかった。

少し不安になった俺は、すぐにナースセンターにそのことを伝え、看護師さんと一緒に新生児室へと戻った。しかし、その時にはもう女性の姿はどこにも見当たらなかった。

何やら胸騒ぎがして、念のためにもう一度今度は妻の病室へと向かい、ドアを開けてみた。するとそこには紛れもなく先程の、新生児室で見かけた女性が眠りに就いている妻をぼんやりと立って見下ろしていた。

おい……っ。

そう声を上げようとした瞬間、その女性はゆっくりと俺のほうに顔を向けて、そのまま薄くなって煙のごとく消えてしまった。

結局、俺はその夜はそのまま妻の病室に泊まることにした。そして翌日、昨夜の出来事を看護師さん達に話したのだが、どうも要領を得ない。何かを隠しているようにさえ感じられた。

出産直後の妻に余計な負担はかけられない。そして、生まれたばかりの娘にも負荷を掛けたくない……。そんな思いで俺は我慢するしかなかったのだが、結局、俺の妻と娘は、病院の反対を押し切って別の病院へと転院した。

それは、いつものように一人で暗い夜の廊下を授乳に向かう妻のすぐ真後ろまで、例の女が近づいているのを見てしまったことが一つ。何より決定的だったのは、授乳室でその女が俺達の娘を無表情な顔で抱いているのを見てしまったからである。

転院後は特に怪異は起こらなかったが、もしもそのままあの病院に残っていたら、と考えると、今でも背筋が冷たくなるのだった。

妻の部屋

彼ら夫婦には子供がいなかった。そのせいか夫婦の仲はとても良く、休みの日はいつも一緒に出掛けたし、何年経っても結婚前のカップルのように楽しい時間を共有していた。しかし本心では彼ら夫婦も子供が欲しかったのかもしれない。子供ができなかったのは奥さんの持病によるものだった。それは結婚前から分かっていたことで、夫自身それを理解したうえで彼女との結婚を決意したのだし、ずっと二人だけの結婚生活でも構わないと思っていた。

しかし、ちょうど奥さんが三十歳になった時、不幸が訪れた。奥さんの持病が悪化してしまい、急遽入院すると、僅か一か月足らずでそのまま帰らぬ人となってしまったのである。意識も戻らぬまま、きちんとお別れの言葉も言えずに逝ってしまった妻を思い、彼は何日もの間、泣き明かした。家にいると妻のことを思い出し、息が苦しくなるという理由から、しばらくはホテルで過ごした。

涙はやがて枯れたが、代わりに強い絶望感と孤独感に襲われた。何度、妻の後を追って自殺しようと考えたかしれない。しかし、結局そんな勇気もなかった。

彼は死なない代わりに、このまま再婚はせず孤独に生きていこうと決めた。できるだけ質素な生活をして、幸せな人生など望まないようにしようと。

仕事も、それまで勤めていた会社を辞めて、新しい会社に転職した。それまでの営業職とは違う、工場内で黙々と作業するような仕事だ。充実した仕事とは思えなかったが、誰とも喋らなくていいのが唯一の長所だった。

家はローンの返済が残っていたから、そのまま住みつづけた。生前、妻が趣味の部屋として使っていた部屋はそのままの状態で保存し、寂しくなるといつもその部屋に行って、いるはずのない妻にぼんやりと話しかけて過ごした。しかし、それすらも彼にとっては悲しい記憶を呼び起こしてしまう訳で、だんだんその部屋に行くことも辛くなっていった。そうしていつしかその部屋は「開かずの間」になっていた。

何の楽しみもない、質素な生活。

勿論、その時の彼の決心はとても固いものだったに違いない。しかし、時というものは残酷で、どんな記憶をも風化させてしまうものなのかもしれない。いつしか彼には新しい彼女ができていた。無論、彼から口説いた訳ではなかったが、彼女からの熱烈なアプローチに根負けする形で彼らは付き合い始めた。

彼は変わった。それまでの絶望から救い出してくれたのは、まぎれもなく新しい彼女だった。付き合い始めて二年目で、彼はその新しい彼女と再婚した。

二人が住んだのは彼が独りで住んでいた家……。つまり、亡くなった奥さんと暮らした家だった。当然、新しい奥さんにも出会った頃から、亡くなった前妻の話はしていた。だから、結婚してその家に住む前にはしっかりと前妻のお墓に行き、結婚の報告とお参りを済ませていた。

ただ、二人がその家で生活するようになってからも、前妻が使っていた部屋は開かずの間のままにして、誰も入らないようにしていた。それが良かったのか、二人がその家に住み始めてからも何も怪異らしきものは起こらなかった。

ところが、状況が変わったのは現在の奥さんが妊娠してからだという。奥さんが家の中から声が聞こえると怖がりだした。そして、その声を辿っていくと、どうやら前妻の部屋から聞こえるのだと泣きながら訴える。

彼は半信半疑ながら、前妻の部屋の中を確認しようと久しぶりに開かずの間へとやってきた。だが、鍵が壊れてしまったのか、どうやっても扉を開けることはできなかった。毎晩聞こえる声に奥さんは神経をすり減らし、とうとうノイローゼ気味になってしまった。

そしてある日、仕事中の彼に緊急電話が入った。妊娠中の奥さんが階段から落ちて病院に搬送されたという連絡だった。

慌てて彼が病院に駆け付けると、時すでに遅く、医師からは流産を告げられた。幸い母体には大きな影響はなく済んだ。だから彼は、またすぐに妊娠できるから！　そう言って奥さんを慰めたという。

しかし、怪異は家に帰ってからもなお続いた。

毎晩、午前二時を回った頃、ドアが開く音がして、廊下からけたたましい奇声が聞こえてくる。そして、決まってドアがドンドンと叩かれ、ドアノブがガチャガチャと回される。彼はその度に、必死にドアノブを押さえて、抵抗した。朝になるとそれはドアが閉まる音とともに跡形もなく消えていった。

そこで彼は、昼の間に友人に手伝ってもらい、同じ二階にある前妻の部屋のドアを再び開けて確かめようとした。しかしやはりどうやっても開かない。夜に聞こえるドアの開閉音は、どう考えても前妻の部屋からだと思うのだが、なぜ開かないのか……。毎晩続く怪異に、彼は仕方なく頑丈な鍵をドアに取り付けて、廊下にいる誰かが中に入って来られないようにした。

ある日の夜、彼は初めて相手の声を聞いた。泣き声と、その後に聞こえた笑い声……その声は明らかに亡くなった前妻の声だったという。

それでも、お寺や神社を頼り、何とかその家で生活を続けられるようにと考えた彼だったが、ある日、仕事から帰ってくると、奥さんが前妻の部屋に保管してあった前妻愛用の帽子を被りながら、リビングで一心不乱に自分のお腹をハサミで突き刺そうとしている光景を見て、すぐにその家から出ることを決めたという。

引っ越し先は古いアパートだったが、その代わり怪異は一切起こらなくなり、奥さんも無事に出産して、現在では普通に幸せな暮らしを送っている、ということである。

自殺コレクター

世の中には本当に不思議なモノを集めているコレクターがいるものである。自分の趣味趣向に合った物を、身近に置いておきたいという気持ちはきっと誰にでもあるのだろう。

そういう俺も明らかに使い物にならない古いオイルライターを集めるのが好きで、既にかなりの数のライターを所有してしまっている……。

過去の著作でも幾つか書いたが、不思議なモノを集めているコレクターの中には、特にオカルト的なモノに強く心を惹かれている者が少なからずいる。思うに、コレクションにのめり込むあまり、結婚もせず、収入の殆どをそれらの収集に当てている時点で、そのコレクター自身が既に何かに呪われてしまっているのかもしれない。

そして、それらのコレクターに共通しているのは強い「死」への執着だ。過去にはそれで身を滅ぼしたり、自ら命を絶った方も確かに存在した。

これから書くのはそんな「死」への執着から集められた曰くつきの品物の話になる。

俺の知人にあるコレクターがいる。彼とは単に仕事関係のお付き合いだったのだが、俺が怪談を書いていると知ってから、妙に親しく接してくるようになった。彼のことをよく知ってしまった今では、俺としてはむしろ、距離を置きたくなってしまう相手なのであるが……。

この彼も、不可思議なモノの収集には目がない。以前は結婚していたらしいが、奥様が病気で亡くなられてからは子供もいなかったこともあり、彼の特異なコレクションに拍車がかかってしまったようである。

ただ、彼は俺が知っている他のコレクターとは違い、収集したモノを保管するための特別な部屋も倉庫も持ってはいない。つまり、日常生活の中で普通に目にする場所にそれらは置かれていた。言うまでもなく、それらとは「死」に纏わる彼のコレクション達である。

最初に彼の自宅へと招かれた時、彼は俺をリビングへと招き入れた。会社を経営しているだけあってかなり大きな家だったが、それにも増してリビングの大きさは異様なほどだった。

そして、そのリビングには壁やボードの上などにそれこそ何の一貫性もない物が無造作に置かれていた。最初に彼は俺に対してスポーツ選手や芸能人関係のコレクションを自慢げに見せてきた。勿論、俺としてはそれなりに大袈裟に驚いてみせたり、羨ましい表情を作ったり、俺がそんな物には興味がないことを悟られないようにした。

しかし、そんな俺の努力はすぐに見破られてしまう。

興味がなさそうだよ……？

そう言った時の彼の表情は別段不機嫌でもなく、むしろどこか嬉しそうに見えた。そして、次に俺に見せてきたのが意外な物だった。

それは金属製の洗面器と丸い金属の塊だった。彼はそれをリビングの一番よく見える場所に置いており、それを嬉しそうに手に取って言う。

「この部屋には僕のコレクションだけが置かれているんだよ。中でもこのコレクションは僕のお気に入りでね。これが何に使われたのか分かるかい？」

俺は気味が悪く思いながら、こう答えた。

「いや、洗面器は顔を洗うのに使われたんでしょうけど、その金属の塊は全く想像もつかないですね……」

すると、彼は嬉しそうに笑いながら、答えを言う。

「怪談を書いている割には勘が悪いな。これは自殺に使われた物なんだよ」

そして自慢げにその説明を始めた。

曰く、洗面器はその中に水を溜めて、自らその中に顔を突っ込むことで自殺した物。

そして、もう一つの金属の塊は鉄でできているらしく、その金属に自分の頭を打ち付けることで自殺した物なのだという。

それを聞いた時、俺はそんな方法で自殺なんてできるものなのか？　と不審に思ったが、次の彼の言葉を聞いて思わず絶句した。

「想像してみてくれ！　浅い洗面器に張った水に顔をつけたまま、息が絶えるまで我慢した自殺者の苦しさを。そして、なかなか死ねないまま自分の頭をその鉄にぶつけ続けて死んでいった者の痛みを。いったい何分で、そして何回ぶつけ続けたら死を達成できたんだろうね？　そして、その洗面器も鉄の塊も全て曰くつきの呪われた品々なんだよ。なぜかって言うとさ、それを使って同じようにして死んでいった自殺者の数は一人や二人じゃないんだ……。ほら、特にその鉄の部分が歪に変形してるだろ？　人間の頭っていうのはなかなかに硬いモノなんだね……」

そこまで聞いてさすがに俺は気持ち悪くなってしまい不躾にその場から逃げ帰った。俺にしてみれば、あんな曰くつきの品々なんかより、それらを嬉しそうに説明する彼のほうが余程恐ろしいのだが。

無意識に描いた絵

彼は子供の頃に絵画コンクールで入選し、それからはずっと美術部に在籍し、大学もストレートで美術大学に合格、高く評価されたまま卒業し、どこにも就職せずに絵を描き続けている。コンクールの入選歴も多く、いっときは絵を描くことだけで生計を立てることも不可能ではない、夢の地位を手に入れていた。

そんな彼が、今では絵を描くことを一切やめて普通の会社員として働いている。ある意味、美大の卒業生としては勝ち組である彼が、どうして筆を置く決心をしたのか？

これから書くのはそういう話になる。

その頃、彼は、彼の描く絵画をとても気に入ってくれている画廊やギャラリーのオーナーに恵まれ、まさに順風満帆といった感じだった。郊外の古い民家を購入し、そこにアトリエを設けて新しい絵画の創作活動に打ち込んでいた。

そんなある日、彼は次回作のための取材と称して日本各地を二週間ほどかけて回ったという。ところが、帰宅してすぐ、彼は高熱にうなされて十日間ほど寝込むことになった。

一人暮らしだった彼は、気付いた時には高熱で動けなくなっており、十日間孤独に高熱と闘い、死を覚悟したこともあったという。しかし、ある朝、目覚めると熱は完全に治まっており、それまでの苦しみが嘘のように元気になっていた。

だが、すっきりした気分で久しぶりにアトリエに入った彼は、その場に立ち尽くした。彼自身見覚えのない絵画が、愛用のイーゼルに置かれていたのだ。

思わず絵画に駆け寄り確認する。その絵には見たこともない女がうっすらと笑みを浮かべて立っている姿が描かれていた。やはり、そんな絵を描いた記憶はない。だとすると答えは一つしかない。彼が高熱でうなされている間に、誰かがアトリエに侵入して勝手に描いたに違いない。

家に侵入されていたのに、我が身が無事だったのは不幸中の幸いと言うべきだろう。しかし、彼にはどうしても合点がいかないことがあった。それは、その絵画の描き方や癖が、自分自身とそっくりだったということだった。しかし、彼には心当たりすらなかったからすぐに警察を呼んで家の中を調べてもらった。

結論から言えば、彼の家やアトリエからは何もなくなっている物はなかったし、不審者が侵入したと思われる形跡すらなかった。そして、決定的だったのは、イーゼルの上に置かれた見知らぬ絵画からは、彼の指紋以外は見つからなかったということだった。

「高熱にうかされて、無意識のうちに絵を描いていたんじゃないですか？」

警察には苦笑気味にそう説明された。

納得は行かなかったが、現場検証の結果から考えれば、警察が導き出した答えは十分理解できるものだった。だから、それ以上反論するのはやめて、その絵のことはさっさと忘れることにした。

ただ、彼はどうしてもその絵画を処分する気になれなかった。自分が描いたものではないにせよ、その絵は自分と全く同じ手法で描かれており、彼から見てもとても完成度や芸術性が高かった。何より、キャンバスに描かれている女性は今にも動き出しそうなほどに生々しい。結局、彼はその絵をアトリエに隣接した画材用の倉庫に保管することにした。


怪異が起こるようになったのはそれからだった。

一人暮らしの彼が家の中にいると、どこからと女の声が聞こえてくるようになった。更に裸足で歩いているような足音も聞こえるようになり、さすがに彼も不審に思って家の中を見て回ったが、どこにも異常は見つからなかった。

しかし、ある夜、彼が用事を済ませて帰宅しようとした際、とうとう決定的なものを目撃した。窓から家の中を移動する女性の姿が見えたのだ。

彼は物陰に隠れてその様子を監視していると、どうやらその女はアトリエの辺りをウロウロと彷徨っているように見えた。彼は以前、動画掲示板で、家の屋根裏に住み着き、家人が留守の間だけ屋根裏から降りてきて冷蔵庫を漁っていた女の動画を観たことがあった。きっと彼の家もそれと同じ状況に違いないと思い、慌てて警察を呼び、一緒に家の中を調べてもらった。

だが、調べた結果、その家には屋根裏部屋に入る手段がなく、また他の部屋にも不審者の姿を見つけることはできなかった。そこで彼は、はたとあの絵画のことを思い出した。警察官と一緒にアトリエ横の倉庫に入り、保管しておいたその絵画を確認した途端、彼は思わずうめき声を漏らしてしまった。

絵は、以前とは全く違った絵になっていた。

描かれていた女は不気味な色をした、とても人間とは思えない顔に変わっており、その表情からは凄まじい恨みの念が感じられたという。そして、その女の手には大きな出刃包丁のような物がしっかりと握られていた。そんなものは明らかになかったパーツである。

彼は、その絵画をそのまま置いておく勇気がなかったので、警察官に頼み込んで一晩だけ預かってもらったという。翌日、明るくなってから絵を引き取り、しっかりと燃やしたらしいのだが、なぜかその絵画は火の中に入れてもいっこうに燃えることがなかったそうだ。彼はますます恐ろしくなり、その絵画に描かれている女を鋭い金属製の工具で突き刺した。するとようやく絵は綺麗に燃えたという。

しかし、その後も家の中から女の声や足音がしつづけたため、命の危険を感じた彼は、そのアトリエを捨てて引っ越した。絵を描くことも、それを機に何となく縁遠くなってしまったらしい。

幸い、それ以降彼の身に怪異は一切起こっていないそうなのだが、結局、その絵が誰が何のために描いたのかは、分からずじまいなのだという。

美術館

絵画に纏わる話をもう一つ。これは以前飲み屋で知り合った男性から聞いた話である。

彼は若い頃は商社でばりばり働いていたらしいのだが、そんな仕事だけに追われる毎日が嫌になり、勤めていた商社を辞めた。

彼には絵を描く趣味もあったので、ある程度時間の余裕がとれるという理由で警備会社を再就職先に選んだ。

学校、病院、商業施設、そして官公庁や民間会社……。色んな場所で警備を担当してきたという彼は、どの場所にも、昼であれ夜であれ、その場所独特の怖さがあるのだと俺に教えてくれた。そんな中でも、これまでの経験から二度と警備の仕事をしたくないと断言できるのが美術館なのだそうだ。

確かに、高額な美術品を展示することもあるだろうから、常に緊張して警備に当たらなければならないのは大変なプレッシャーだろう。そんな風に思っていると、そうではないという。そこで話してくれたのが、これから書く話になる。

彼は趣味が絵画ということもあり、美術館で警備の仕事ができる機会があればぜひにとお願いしていた。あくまで希望であるから、彼自身そう簡単にその仕事が回ってくるとは微塵も期待していなかった。しかし、彼がその警備会社に勤務するようになってから数年後、念願の美術館警備の仕事に配属されることになったという。彼にとってはまさに、想定外の配置転換だった。仕事をしながら好きな絵画を見られるのだから。

実際、勤務に就いてみると、美術館警備は他の物件より楽な職場に感じたという。昼間の見回りはいたって平和で、来場客が溢れて忙しいのも何かの特別展が開かれている場合の土日だけであった。だから昼間、館内を巡回する際も、つい展示品の絵画に見入ってしまい、予定の時刻を過ぎてしまうこともしばしばであったが、それでも同僚から文句を言われることもなかったという。

仕事は日勤と夜勤を交互にこなし、その合間に週一日の休日が入る。給料はそれほどでもなかったが、とにかく働き易く楽な環境で、彼はとても満足していた。

そんな彼の日常が一気に崩れる事件が起きたのは、とある日本画家の特別展が開催された時のことだった。

その作家は日本画家の中ではある意味、異質な存在であり、その作品も独特な世界観のものが多かった。メジャーではないが、熱烈なファンがついていて展覧会をやればかなりの集客がある。

ただ、その作家は若くして、自分のアトリエで自殺しており、その点ではある意味、呪われた画家として認知されていた。危ない香りがするものには得てして強い魅力を放つものも多い。彼もその画家の特別展が開かれていると聞いて、秘かに楽しみにしていた。

しかし、楽しみに思っているのは同僚の中で彼だけであったようだ。昼はいいのだが、誰も夜勤の巡回をしたがらない。理由を聞いても誰も答えてはくれないのだが、例の特別展が開かれている作家の作品が展示されているゾーンを避けているらしいのだ。

いつもなら平然と一人だけで深夜の巡回を何度もこなしていた同僚達が皆、真顔で何かを恐れているのが分かった。だから、彼は自らその深夜の巡回を買って出た。確かに同僚達の怖がり方は尋常ではなかったが、そこは絵に対する好奇心のほうが強かった。素人ながら同じように絵をたしなむ者として、その作家の作品が深夜にどれほどの威圧感と恐怖を感じさせてくれるのか、自分の目で確かめてみたかったのである。

かくして、彼はその画家の特別展が始まると、昼間は家で休み、夜になると美術館で警備に当たるという生活を始めたという。自ら立候補したとはいえ、多少彼も緊張していたのだが、実際に深夜の巡回をしてみると、予想に反して平和そのものだった。

確かに薄暗い中で観るその作家の作品は、昼間とは違った空気を纏っているのと感じることはあった。しかし、怪異と呼べるほどのことは何も起こらず、彼は些か拍子抜けしていた。

(きっと、呪われた画家なんて言われているから、みんな先入観で勝手に怖がっていたんだな……こんなに素晴らしい作品なのに。まさに『幽霊の正体見たり枯れ尾花』ってやつだな……)

同僚達の怯えように苦笑しながら、彼は飄々とそんな風に思っていたという。


そうして特別展もあと一日を残すのみとなった夜のことだった。

その日も彼は同僚一人と夜勤に入っていた。そして、いつものように同僚を伴わず、一人だけで何度か夜の美術館を巡回した。さすがに毎日のことなので飽きてくる。いつもと何も変わらない退屈な巡回だった。

しかし、深夜一時を回った頃、館内のセンサーが反応した。ごく稀にネズミなどの小動物が紛れ込んでセンサーが反応してしまうことはあったが、何かあってからでは遅い。彼はすぐに館内の見回りを行おうと立ち上がった。

ところが、同僚はそれを止めた。真剣な顔で、必死になって首を振る。

「やめろ!　いいから、放っておけ」

その剣幕に、彼も一瞬、同僚の言う通りにしようかと思ったらしいが、やはりセンサーが鳴っているのに何もせずにいたのでは警備員失格だ。もしものことがあったら大変だと思い、同僚を説得し、自分一人で見てくることにした。自分が守衛室から出たら、すぐに部屋のカギを掛けるようにと言い残して。

部屋から出ると、なぜか廊下の空気感がまるで違っていた。重く冷たい空気が辺りを包んでいた。そして、もう一つ不可思議なことがあった。それは、彼が守衛室を出る直前に非常時の館内照明が点灯するようにスイッチを押してきたのに、なぜか館内は薄暗いままだった。

しかし、そんなことを気にしている余裕はなかった。アラームが鳴ったのは件の画家の特別展が開かれているブースだった。もしも、作品が傷つけられるようなことになったら責任問題だ。彼は片手に警棒を持ち、急ぎ足でセンサーが鳴っているブースへと向かった。ところが、ブースに到着してみると何も異常は見当たらなかった。念のため、隅々まで展示室を確認していると、守衛室に残っていた同僚から無線が入った。

「おい……今、どこにいる？　もしも無事に戻って来られたらな、守衛室の前に着いた時点で、無線に連絡をくれ……」

声が震えている。何かあったのかもしれない。胸騒ぎがしたので、彼も急いで点検を済ませると守衛室に戻ろうとした。と、その時――。

彼はあり得ない現象を目の当たりにしてしまった。

(おい、うそだろ……)

展示室の壁に掛けられた絵から、すべてのモデルが消えていた。そこにあるのは間違いなくその作家の作品であり、額も背景もつい先ほどまで見ていたもののままだ。しかし、そこに描かれているはずの人間が全て消えてしまっていた。

彼は得体の知れない気持ち悪さを感じて、そのまま守衛室まで駆け戻り、ドアの前から無線で開けてくれと頼んだ。

ドアはすぐに開けられ、彼は滑り込むように守衛室の中へと入った。そこで待っていたのは、焦燥しきった顔の同僚だった。

「お前……さっきから何度も守衛室のドアを叩いたか？　開けてくれ！　って声をかけたか？」

震えながら聞いてくる同僚に、彼は即座に首を振った。勿論、そんなことはしていない。

すると同僚は、ぶるりと身震い一つしてこうぼやいた。

「やっぱりだ……だからこんな時の夜勤なんかしたくなかったんだ……。さっきから何度も、そのドアをノックする音が聞こえてきたんだ。聞き間違いなんかじゃないぞ……。それに、確かにお前の声も聞こえたんだ……。ここを開けてくれって……」

それを聞いた彼は、そんな馬鹿なことがあるはずないじゃないか、と返そうとして言葉を飲み込んだ。

突然、守衛室のドアが、コンコンとノックされたからである。そして、ノックに続いて確かに声も聞こえた。

「お～い！　ここを開けてくれ～！」という、自分の声が。

彼はもう一気に恐怖に襲われてその場で固まってしまった。そして、同僚と二人で朝になるまでずっと声を殺して耐え続けたが、結局、朝になるまでノックの音と彼の声色を真似た声がずっと聞こえていたそうだ。

彼は最後にこう言っていた。

「もし、俺が守衛室に戻るまでに、あの絵に描かれたモノ達と出くわしていたら、きっと俺はここにはいなかったと思う……。あの画家の作品に描かれているのは、どれも人間とは思えないような人外のモノばかりなんだから……」と。

電話の相手

これはブログの男性読者さんから寄せられた話。

彼の友達にTという友人がいた。その日、Tは関東の外れ、相模湖でボートを借りてバス釣りを楽しんでいたという。のんびりと釣り糸を垂れていると、突然ガシャーン、ズザザザ、ドッポーン！　という音が聞こえてきた。波立つ湖面に、ボートも大きく揺れる。Tは慌ててボート屋に戻ると警察に電話した。とにかく凄まじい音だったのだそうだ。その後、警察が到着し調査が始まった。どうやら自殺だったらしい。Tは通報者として色々と聴取された後、ようやく解放されたという。

そんなことがあってからしばらく経った時のこと。Tが用事で家を出ようとしたところに、電話が掛かってきた。電話はちょうど玄関の横にあるので、そのまま出る。

「はい、もしもし？」

誰だろうと思いながらTは応えた。すると、電話口からこんな声が聞こえてきたそうだ。

「あの……先日、相模湖で自殺した者の親戚なのですが 詳しい状況を教えてほしいのですが……」

Tは、そういうことならばと思い、事細かに自分の見た状況を、話して聞かせた。相手は終始黙って彼の言葉に耳を傾けていたが、最後に「よく分かりました……ありがとうございました……」と呟くと、一方的に電話を切ってしまった。

Tは、訳も分からずそのまま外出してしまったそうなのだが、帰宅後、家族からこんなことを言われた。

「あんた、昼間さ、掛かって来てない受話器を持ったまま、何を一人でぶつぶつ喋ってたの？」と。

つまり、家族は電話の呼び出し音など全く聞いておらず、突然Tが電話の受話器を持ち上げて、一人芝居のように話し始めたと認識していたのだ。

Tはこう言っていた。

「あの電話、親族だなんて言っていたけど、きっと自殺した本人からだったと思うんです。あの人の最期を見たのは、俺だけだから……確かめておきたかったんじゃないかな」

もう電話には出られない

電話絡みで知人に起きた怪現象をもう一話、記す。

それは突然掛かってきた一本の電話がきっかけだった。彼はその時、ちょうど車を運転しているところで、電話には出ることができなかった。後で着信履歴を確認したが、全く見覚えのない番号からだったので、きっと間違い電話だろうと思い、かけ直すことはしなかった。

ところが、それからも何度か同じ番号からしつこく電話が掛かってくる。それも、最初に電話が掛かってきたのと同じ時刻に、はかったように掛かってくる。以前、業者からの詐欺まがいの電話に出てしまい、面倒なことになった経験があるので、彼は用心してその電話に出ることはしなかった。

それでも、毎日のように同じ番号から同じ時刻に、必ず電話が掛かってきた。さすがに彼も面倒臭くなり、その番号を着信拒否にした。すると、当然ながらその番号からの電話は掛かって来なくなった。考えてみれば、もっと早くそうすべきだったのである。

それで彼も気が緩んでしまったのかもしれない。

ある日曜日の昼間、自宅で部屋の片づけをしていた時、携帯が鳴った。彼は片付けに集中していたこともあり、よく番号を確認しないまま、その電話に出てしまった。


そこから、彼の記憶は完全に飛んでしまっている。


気が付いた時には、病院のＩＣＵで治療を受けていた。何とか一命を取り留めた彼は、そこで驚愕の事実を聞かされた。

なんと、彼は携帯を耳に当てながら外出し、そのまま携帯で誰かと話しながら躊躇することなく大きな橋の上から川の中へと飛び込んだのだという。

その時間帯、橋には大勢の通行人がいたが、その中で彼は堂々と橋の欄干に登り立つと、そのまま嬉しそうに川の中へと身を投げたらしい。

居合わせた通行人がすぐに通報してくれたお蔭で、救助が早く、何とか彼の命は繋がれた。川の水を大量に飲んでおり、肋骨も数本折れていた。内臓の損傷があったにも拘わらず助かったのは本当に奇跡だと、医師にも言われたそうだ。

ただ――彼には家から外出した記憶もなければ、どこをどう歩いて川へと向かい、その橋の一番高い場所から飛び降りたのかも、全くと言っていいほど覚えがない。

完全に記憶が抜け落ちているのだ。

不気味なことに、川の中から引き揚げられた時にも、彼はしっかりと携帯を自分の耳に押し当てていたそうだ。

結局その電話が誰から掛かってきたのかは分からない。携帯は水が入ったせいで壊れてしまい、着信履歴も何もかも、もう見ることはできなくなっていた。


「やっぱり間違い電話だったのかな?」

そう聞いた俺に、彼は強張った顔でこう答えた。

「いいえ、あれは間違い電話なんかじゃありません……。実は、電話に出た瞬間の記憶だけは残っているんです……。機械のような声が……はっきりと俺の名前を呼んだんです。だから……」

そう言って彼は唐突に口を閉ざした。

以来、彼の携帯にその番号から電話が掛かってくることはなくなったが、一つだけ問題が残ってしまったという。

実は、何度も電話が掛かってくるのをディスプレイで確認しているうち、彼は自然とその番号を暗記してしまったのだそうだ。そして今、気が付くとその番号に電話を掛けそうになっている自分に気づき、ハッとして我に返るのだという。

俺は、絶対にその番号には電話をするな、と言うことしかできなかった。

山代温泉にて

これはブログの女性読者の方から寄せられた話になる。

彼女の夫は二年前ほどに消防設備のメンテナンス会社に転職した。消防設備のメンテナンスというのは、小学校や店舗などでは、建物により年二回の消防設備の点検が義務付けられており、火災報知器や消火器、スプリンクラー、防火扉など、様々な項目の点検をいざという時にきちんと作動するように行っていく仕事である。

彼がその仕事に就き始めて間もないある日、先輩とともに山代温泉のSという旅館に朝から点検に訪れた。旅館側からは、十時は宿泊客が全てチェックアウトするから、十時以降に点検に入り始めてほしいと言われた。

とはいえ、チェックアウトが十時ギリギリになるお客さんもいるため、できるだけ宿泊客の迷惑にならないようにと、厨房などから先に点検することにした。

そして、十一時近くになり、いよいよ客室の点検に取り掛かろうとなった時、先輩から『お前は四階から八階を回れ。俺は一階から四階を回るから』と言われ、彼は何の疑問も持たずに四階から点検作業に取り掛かった。

その旅館はかなり古い建物で、新館、旧館に分かれていたが実際には旧館は使われていなかった。新館と言ってもそれなりに老朽化が目立ったが、それでも新館の最上階の部屋だけは窓からの眺めも素晴らしく、部屋も広くて綺麗であり、まさに特別室といった趣があった。

新館の点検作業が終わると、次は旧館の点検に取り掛かる。日頃は使用されていない旧館であったが、防火という観点からはしっかりと点検する必要があった。ちょうどL字になった廊下の真ん中に立ち、点検の図面に目を落としていると、ふと左側の廊下から誰かが近づいてくるのに気がついた。ふと視線を上げると、黒いポロシャツを来た父親らしき男性とその子供さんが、手を繋いで彼のほうへと近づいてくるのが見えた。

（仲の良い親子だな……）

ほほえましく思った彼は、その親子に「こんにちは！」と声をかけた。父親は軽く会釈をすると、無言のまま通り過ぎていく。彼は再び図面に目を落としたが、すぐ違和感に気づいて、顔を上げた。

（あれ？　この旧館はかなり以前から使われていないはずだぞ……。それにお客さんのチェックアウトもとっくに完了しているはずなのに……）

妙な胸騒ぎを覚えた彼は、念のため、通り過ぎたはずの親子を確認しに、L字の廊下の右側を覗き込んだ。そこには先程の親子後ろ姿が見えるはずだった。

が……その親子の姿はどこにも見当たらなかった。

彼がその親子とすれ違い、挨拶をしてからはほんの数秒しか経っていない。右側に延びた廊下は悠に百メートルはあり、その廊下に客室は存在しない。左側に窓が並ぶだけの裏通路だ。つまりどこにも隠れる場所は存在しなかった。もし、窓から飛び降りていたら、そこは七階という高さであり、万が一にも助かる見込みはないが、何よりその窓さえどれ一つとして開いてはいなかった。

彼の目の前に広がっているのは静か過ぎる長い廊下だけ……。

彼は少し薄ら寒くなりながら、急いでフロントに電話をした。

「すみません！　今、旧館の七階を点検をしていて親子とすれ違ったんですがお客さんは全てチェックアウトされているんですか？　もしかしてまだ残っているお客さんがいらっしゃるんじゃないですか？　まだ残っている方がいるならこちらに伝えてもらわなければ困ります！」

彼はそう、少し強めの口調で伝えた。しかし、フロント係はパソコンを確認したうえで、「すみません。もうお客さんは皆さんチェックアウトされています。それに本日お子様連れの宿泊はございませんでした」と、冷静に返してきた。

その言葉を聞き、彼は一瞬背筋に冷たいものを感じたが、何とか気持ちを切り替えてその日の分の点検を終わらせることができた。
先輩と合流してから、彼は思っていたことをぶつけてみた。

「先輩、ここなんか変じゃないですか？」

先輩は、途端に視線を泳がせて言った。

「あー、うん、言ってなかったっけ？　ここは出るんだよ……。俺は去年旧館の点検をした後、咳が止まらなくなってひどい思いをしてな。よくあるんだよ……俺には。霊的な場所に行くと後から咳が止まらなくなってさ……。だから今年はお前に行ってもらった。お前は霊感なんかなさそうに見えたからさ。悪いけど……明日も頼むよ！　なっ」

その夜、彼は暗い顔で帰宅し、暫く放心状態だったという。奥さんが、どうしたの？と聞いてくるが何も答えられなかった。あまりの様子のおかしさに、奥さんから再三問い詰められ、ようやく昼間、旅館で見てしまった親子のことを話したという。
彼にしてみれば、その体験があまりにも怖すぎて思い出したくなかったのと、誰かに話してしまうと何か良くないことが起こりそうに感じたからだという。

結局、彼は奥さんのすすめで、その日は体中に塩を振りかけて何とか寝ることができた。

次の日、また続きの点検のため、彼は昨日と同じ旅館に向かった。今日はしっかりと服の中に塩を仕込んでいる。

前日に消火器の点検を済ませていたので、その日は各部屋の火災報知器の点検をすることになっていた。勿論、作業の中には旧館の点検も含まれており、昨日の件もあったので作業中に古い部屋の床がギシギシ鳴る度に、彼は体を強張らせていた。

旧館の部屋を点検して回るうち、ふと部屋の中に残された古い黒電話が妙に気になった。部屋自体はもう何年も使われておらず、畳には埃が積もっており、それは当然その黒電話も同じだった。

しかし、そんな埃にまみれた受話器に、くっきりとした手形を残されているのを見つけてしまったのだ。まるでついさっきまで誰かが使っていたような手形を……。

彼は余計なことは考えないようにと必死で仕事に集中した。そうしなければ、今にもそこから逃げ出してしまいそうだった。そして、怖いながらも何とか点検を進めていき何番目かの部屋に来た時、彼は更にゾッとするものを目にしてしまう。

埃っぽい客室の床に、無造作に置かれた黒いポロシャツ……。

それは昨日すれ違った父親が着用していたそれと同じだとすぐに分かったという。

この部屋にいてはいけない……。

彼はそう思うと、すぐにその部屋を出て次の部屋へ移動した。

――その時。


ミシッ……ミシッ……ミシッ……。


自分のものではない足音が聞こえた。音は、明らかに先程まで彼がいた隣の部屋から聞こえている。そう、黒いポロシャツが落ちていた隣の部屋から……。

しかし、元来真面目な性格の彼は、そんな中でも仕事への使命感を忘れてはいなかった。大粒の脂汗を流しながら、その後も各部屋の点検を進めていく。

ようやく七階の点検が終わった。さあ、次の階へと行こうと前方を見た瞬間、「点検済」の目印として開けておいたはずの各部屋の扉がバタンッ！！！　と勢いよく彼の目の前で閉まった。勿論、廊下の窓は閉められており、更に各部屋の窓も全て閉まっていたのを彼は確認している。だから、たとえ外で突風が吹いたとしても、その扉が勢いよく閉まるなんてことはあり得ないことだった。

それを見た瞬間、さすがの彼も限界で、無我夢中で階段を駆け下りると急いで別の場所を点検していた先輩の元へ助けを求めた。

先輩にこれまでの一部始終を話し、その後の点検は先輩と二人で回ったのだが、なぜかどうやっても開かない部屋が一つだけあった。沢山あるキーのどれを使っても開かず、結局、旅館の責任者に電話し、事情を説明してマスターキーを含む全ての鍵を受け取り試したのだが、それでもなお開かない。しかし、その部屋の点検だけを残して帰る訳にもいかず、ほとほと困ってしまった。

と、突然ガチャッと隣の部屋の扉が開き、彼と先輩は飛び上がらんばかりに驚いた。何のことはない、どうやらそれは隣の部屋から出てきた仲居さんだった。

仲居さんは鍵束を持って立ち尽くしている彼らを見て、こう言った。

「そこの部屋……開かないでしょ？　去年も業者の人が来てたけど結局開かなかったみたい。でもね……おかしいのよ。夜中の二時頃になると必ずその部屋の扉が開く音がして、パタパタとその部屋から誰かが出て行く音がするの。私達はもう慣れたけどね……。なんか、そこで昔仲居さんが亡くなってるみたいなんだけどね……」

詳しく聞いてみると、そこは元々仲居さんの住み込み部屋だったところなのだそうだ。その後、管理会社の人に電話し事情を説明すると、「あっ、いいです……いいです。そこの部屋はずっと開かないんですから……」とあっさり言われたそうだ。

彼にとってその旅館での体験はかなりの恐怖だったらしく、結局、彼はその会社を退職してしまった。もう二度とその旅館には絶対に近づきたくなかったのだという。

しかし、不思議なもので、その旅館について某旅行サイト『じゃ○ん』で調べた所、口コミ評価も割と良く、評判は上々だった。今となっては、彼がすれ違った親子が何者なのか調べる術もなく、またその親子の顔すら思い出そうとしても、なぜか霧がかかったように思い出せないのだという。

その旅館は、今でも山代温泉に実在している。

悪い子は

昔、俺も母親から、「そんな悪い子はお化けに連れて行ってもらおうかね！」と脅かされた記憶がある。

そういう言い回しは、お化けが鬼に変わったり、怖い大人に変わったりと、時代や地域によって違いはあれど、子供を怖がらせるための常套句として、よく使われていたのではないかと思う。

彼女が育ったのは、中部地方のとある県、その中でもかなりの過疎地だった。山に囲まれた自然豊かな土地で、子供らは野山を駆けずり回って遊んでいたという。

彼女は男勝りな性格で、悪戯好きのかなり活発な女の子だった。だから、悪いことをして親から怒られる時にはいつも前述のような脅し文句を言われていたそうだ。

ただ、その地域には昔から山の神の信仰があったらしく、大人達が彼女は叱る言葉は、「こんな悪い子は山の神様に連れて行ってもらわないとね？」という言葉だったようだ。

しかし、単なる脅し文句ではなく、子供達の間でも、山の神がどういうものなのかは何となく分かっていたという。

曰く、その地方には古くから身の丈が三メートルを超えるヒトガタの化け物がいると信じられていた。以下は、その言い伝えである。

化け物は子供が大好物であり、手当たり次第に捕まえては、山奥に持って帰って食べていた。どんどん減っていく子供の数に危機感を抱いた当時の村人達は、偉いお坊様に頼んで子供達の姿を視えなくしてもらった。そして、村の周りにも結界を張り、その化け物が村の中へ入って来られないようにしてもらったのだという。

そうなると山に棲む化け物は子供が食べられなくなり、村人はその村から一歩も出ることができなくなった。そして、山の化け物は子供を食べるのを諦めて、今度は大人を食べるようになった。

しかし、大人は子供ほど簡単には捕まえられない。そして、大人はといえば、一家を支える担い手が食べられるくらいならば、まだ子供を食べられたほうがマシという結論に達してしまったのだ。

そこで山の化け物と村人達の間に、一つの取り決め事ができた。それは、山の化け物が大人に手を出さない代わりに、村人達は子供らの中からいちばん必要のない子を決めて、それを一年に一度山の化け物に差し出す。所謂、人身御供というやつだ。

それからは山の化け物は「山の神様」として奉《まつ》られ、村に豊作をもたらすようになった。

その代わりに、その村では年に一人、子供が消える。

神隠しに遭って……。


と、そんな話を誰もが両親ではなく祖父母から聞かされていた。だから、良い子でいないといけないぞ、と。

とはいえ、彼女が育った時代にはもう、バスも電車も走っており、ビルや大きな道路も整備されていた。だから、普通ならばそんな迷信じみた話を信じる子供はいないだろうと思われる。

ところが、その地域の子供達はそうではなかった。彼女を含めて、殆どの子供達がその噂を信じていた。理由は唯一つ。実際に、一年に必ず一人の小学生未満の子供がいなくなるからだ。もっとも、理由は転校や引っ越しなどと言われていたが、一年に一人必ずいなくなることには変わりなかった。とにかく人口の少ない街であったから、そうしたことはすぐに知れ渡ったという。だから子供達は皆、自分が選ばれるのを恐れて、できるだけ良い子でいようとした。

しかし、彼女はそんな周りの友達がどうしても理解できなかった。子供なんだから好きなことをして、その結果として親に怒られることがあるのは当たり前。それを得体の知れないモノを恐れて、みんなが同じような優等生になっているのがどうにも気持ち悪く、許せなかったという。

そんな彼女には賛同してくれる友達が二人いた。一人は男の子で、もう一人は女の子。二人とも彼女と同じように子供らしい正義感に燃えていた。そうした仲間がいたからかもしれない。彼女がそんな大胆な行動に出たのは……。

ある日曜日、同志の仲間と集まった彼女は山へと向かった。その山には、誰も近寄らない古い神社があった。この土地に伝わる怖い噂は、その神社に起因していることは、村に住む子供らは皆、薄々感づいていた。だから彼女達はその山の神社に向かったのだ。

その、人の子を喰う山の神というものを懲らしめるために……。

子供っぽい考えと言ってしまえばそれまでなのだろうが、その時の彼女達は真剣だった。何とかして自分達の力で、古くから伝わる呪縛と恐怖を払拭したいと思っていた。

神社に着いた彼女達は、まずその異様さに圧倒されたという。二本の大木の間に石が並べられた道のようなものがあり、その両脇には黒く塗られた棒が無数に立てられていた。石畳というほど平らではない、本当にごつごつとしたままの石でできたその道は、ぽっかりと黒い口を開けた洞窟へと続いていた。

あまりの恐怖に、彼女達はその石の道へ足を踏み入れることすらできなかった。そして、友達の一人が偶然だったのか故意だったのか分からないが、石の道の脇に立っていた黒い棒を倒したと同時に、その場から走って逃げた。

後ろを振り返る余裕などなかった。

ただひたすら、前だけを見て走り続けた。

そして、何とか無事に家へと戻ってきた彼女達は、今日のことは絶対に秘密にしようと誓い合ったという。


しかし、それから数日後、彼女が夜中にトイレに起きると、ちょうど両親が家から出て行くのが見えた。いつもの両親とは全く違った雰囲気に彼女は戸惑ったが、それと同時に、こんな真夜中にいったいどこに行くのかということが気になって仕方がなかった。

彼女はパジャマのまま、静かに家を出て両親の跡をつけた。前方に両親が歩いていたから、真夜中でも恐怖は感じなかった。

両親は黙々と歩き続けると、彼女が通う小学校に入っていった。

（え？　こんな真夜中に……？）

両親はそのまま校庭へと入っていく。そこで彼女は固まった。校庭には沢山の大人達が集まっていた。それこそ町中の大人達が全て集まっているのではないかと思えるほどに。

そして、その中にひときわ目立つ何かがいた。それは若い女の姿をしていたが、どの大人よりも背が高く、男性の頭がちょうどその女のみぞおち位の高さにあった。その背の高さはどう考えても異様であり、彼女は怖くなってしまい、すぐにその場から逃げた。そして、自分の部屋に戻ると震えながら考えた。

もしかしたら、あれは今年いなくなる子供を決めているのではないか？

だとしたら、あの山の神社へ行った私達が選ばれてしまうのではないか……と。

そう考えると震えはさらに増すばかりで、彼女は布団の中でじっと身を硬直させていることしかできなかった。それでも、知らぬ間に寝てしまったのか、朝になって目覚めた彼女は恐る恐る居間へと向かった。

「あら、おはよう」

声をかけてくる両親の様子はいつもと全く変わらず、平和そのものだった。拍子抜けした彼女は、昨夜見たものはきっと夢だったに違いないと思うようにしたという。

が――本当に夢だったのか分からなくなる出来事が数日後に起きた。

彼女と同じクラスの男の子が行方不明になったのだ。

あの日……山の神社で黒い棒を倒した男の子が。

警察や大人達がその子を捜索していると聞いたが、彼女には全く何もしていないように感じたという。捜索しているフリをしているだけ……。そう考えると、余計に怖さが増して、彼女にはその時一緒に神社に行ったことは誰にも言わなかった。言えば、彼女も同じように行方不明になってしまう、山の化け物に喰われてしまう……そう思ったそうだ。

結局、彼女の家族はその年に一家で遠くの土地へ引っ越すことになった。父親の仕事の都合ということだったが、それも半信半疑なのだという。なぜなら、彼女の家族が引っ越す直前に、もう一人の女の子も行方不明になってしまったから。あの時、一緒に山の神社に行った友達は彼女以外、いなくなってしまった。

これまで、一年に二人も行方不明になることなどなかった。大人達は顔を強ばらせ、子供達は恐れおののいた。そしてそれは彼女も同じだった。いや、いちばん怯えていただろう。次は自分に違いないのだから。

そんな感情が両親にも伝わったのだと思う。もしかしたら、何か感づいていたのかもしれない。だから、彼女を護るために、無理やりその土地を離れた。全てを捨てて……。

今となっては真実は分からないが、あの時行った山の神社の雰囲気は、そんな化け物の存在を信じさせるには十分なほど忌まわしい何かで満ち溢れていた。

彼女は大人になるまで、この話を誰にも話すことができなかったという。もしも話してしまったら、ここまで追いかけてきそうな気がしたからだ。

大人になってさらに時が経った今では、また少し心境が変わったという。

彼女は今、いつかもう一度あの土地を訪れて、真実を確かめたいと思っているそうだ。

「そうしないと、私はずっと悪夢の中にいなきゃいけない気がするんです……」

彼女は少し俯いて、最後にそう呟いた。

一人増えている……。

集落の神社に纏わる話がもう一つある。これも知人の女性に伺った話で、彼女が中学二年生の時に体験したことだという。

彼女は、幼い頃より祖父母や両親には幾度となく同じことを言われていた。

それは、その土地にあった廃神社には絶対に近づいてはいけない、ということだ。やむを得ず近づいた時には、その帰り道、絶対に後ろを振り返ってはいけないとも言われていた。廃神社からの帰り道には何かがついてきており、万が一振り返ってその姿を視てしまったら、そのまま戻ってこられなくなる、と言い聞かされていた。

確かにその廃神社に関しては、あまり良い噂は聞かなかったという。真夜中にケタケタと笑う声が聞こえてきたり、誰もいないはずなのにぼんやりとした明かりがふわふわと空中を移動していたりといった、オカルトめいた話をよく聞いた。

その廃神社の歴史はとにかく古く、彼女の祖父母の時代には既に廃神社として誰も近づかなくなっていたということだから、かなりのものだろう。鳥居は部分的に欠落しており苔むした参道や奥にある古い井戸など、まさに誰も寄せ付けない不気味さに溢れていた。

ゆえに、市街地からそれほど離れていない場所にも拘わらず、その廃神社に近づく者は本当に誰もいなかった。しかし、退屈な田舎町で暮らす子供らにとって、そういう禁忌の場所というのは昔から格好の度胸試しの場所になってしまうものだ。

その日、彼女は学校が終わると、友達三人とその廃神社に向かった。一人は彼女と仲の良い女友達、あとの二人は同じ学年の男子だった。その三人は同じ中学ではあったが、彼女が住んでいた地区とは別の地区に住んでいたこともあり、彼女の地区にある廃神社に興味津々だったという。神社に纏わる禁忌を聞かせてくれとせがまれ、そのままノリで行ってみようということになったのだという。

彼女は神社に向かう道すがら、これまで聞かされてきた禁忌について詳しく語って聞かせた。勿論、彼女はその廃神社の中に入るつもりは毛頭なかった。ただ廃神社の前まで行って外から様子を窺うだけ……。それくらいのことならば、幼い頃に友達と一緒に度胸試しで行った経験もあった。その時も怖い思いをすることもなかったし、その雰囲気だけで十分スリルを満喫できた。

ところが、実際にその廃神社の前まで辿り着いた時、友達三人が予想外の提案をしてきたのだという。

「どうせここまで来たのなら、いっそのこと、境内に入ってお参りしていかない？」と。

彼女はその提案を必死になって止めたという。彼女の知る限り、神社の前まで行った子供は沢山知っていたが、境内にまで入った者など聞いたこともなかったからだ。

しかし、彼女のそんな抵抗も、帰り道に振り返らなければ大丈夫なんでしょ？ という言葉に押し切られてしまう。

彼女は、自分だけは境内に入らずに外で待っていようかと考えたらしいのだが、そんなことをしたら逆に、境内からの帰り道についてくるという何かを視てしまうのではないかと思い、そのまま一緒に境内に入ることにしたという。

鳥居をくぐって境内に入るが、特に違和感は感じなかった。それどころか、何かのんびりとした空気が漂い、ポカポカと日が差して暖かい。外から見ていた時の雰囲気とはまるで違う感覚に戸惑う程だったという。

「ほらな……噂とか言い伝えなんてこんなもんだって！」

男子達はそう言って、さっさと本殿に向かい、パンパンと両手で柏手を打ちお参りを済ませていた。が、その男子二人がふざけて本殿の中を覗き込んだ時から彼らの雰囲気が一変する。

「帰ろう！」

一人増えている……。

上擦った早口でそれだけ言い、早足で鳥居に向かって歩いていく彼らは、明らかに何かに怯えていた。だとしたら、本殿の中を覗いた時に何かを視てしまったのか……。

「ねぇ……本殿の中に何かあったの？」

小声でそう聞くけれど、彼らの顔は既に真っ青で、冷汗が流れているのも分かった。先程までとは一変した男子二人の様子に、何を見たのか聞き出したくてたまらなかったが、それも鳥居をくぐった途端、どうでもよくなった。否、そんな余裕は消え失せた。

鳥居をくぐった瞬間に、明らかに空気が変わったのだ。キーンと高い耳鳴りがして、不思議と自分達の足音だけがはっきりと聞こえていた。

彼女を含めた四人は誰も何も話さず、ただ黙々と歩き続けた。そして、耳鳴りと一緒に聞こえていた自分達の足音に混じって、不思議な五つめの足音が聞こえ始める。

それはザーッザーッという、何かが砂利道の上を滑っているような音に聞こえたという。しかも、その音は次第に彼らとの距離を詰めてきて、あっという間にすぐ背後から聞こえるようになってしまう。もう、彼ら四人には恐怖心しかなくなってしまい、我先にという感じで皆が早足になった。彼女は、幼い頃から聞かされていた話が本当だったのだと思うと、余計に恐怖で足がうまく動かせなくなっていたらしいが、それでも必死で転ばないように歩き続けた。

まるで、彼ら四人を追いかけ回しているかのような威圧感のある足音……。だがそれも、林の中の砂利道を抜けて、大きな建物が見えるようになった途端に、フッと聞こえなくなった。それでも、彼らは歩き続けるのをやめなかったし、誰も口を開こうとはしなかった。

ようやく舗装路に辿り着き、車の往来や田んぼで作業をしている大人達の姿を見ると、重苦しい恐怖心は消えて、全員がある程度落ち着きを取り戻した。それまで各人でかなりの距離が開いていたが、何とか四人が並んで歩けるようになったという。

そんな時、男子の一人がこんなことを言った。

「ここで振り返ったら戻れなくなるんだったよな?」と。

それは先程の恐怖に引きつった声とはまるで違う声音だった。たぶん、女子の前でみっともないところを見せてしまった先程の汚点を挽回したかったのだろうと思う。単に虚勢を張りたかっただけなのは明らかだった。

彼女は万が一のことがあってはいけないと思い、「うん……それだけは絶対にしちゃ駄目だからね!」と前を向いたまま、真剣に釘を刺した。すると、その男子は彼女の言葉を聞いてへへへっと笑ったかと思うと、そのまま何げなく背後を振り返ったのだという。

刹那、空気が歪むような、何かが大きく変わったような気がした。

同時に、今の今まで隣を歩いていた友達が……背後を振り返ってしまった男子の姿が、一人増えている……。

その場から忽然と消えてしまったことにもすぐに分かった。他の二人も気がついただろう。

しかし、それでも残された三人は何もできずに、そのまま前だけを向いて歩き続けた。

その男子を探すために振り返ってしまえば、自分もどこかへ連れていかれる……。

そんな恐ろしい確信があった。結局、彼女達三人はそのまま一言も喋らないままそれぞれの家へ帰り着いた。

そこで初めて、彼女は両親にその男子が忽然と姿を消したことを話したという。それからは町民や警察も総出でその男子の行方を捜したが、結局何の手掛かりもなくその男子が見つかることもなかった。今に至っても……。

この話を聞いた俺は思うのだ。この国では一年に十万人近い人が行方不明になっている。この数は自殺者の数を大きく凌駕するものだ。そして、そんな行方不明者の中には、この話のようにまるで神隠しのように連れ去られた者も少なくないのではないか、と。

樹海探索

彼は趣味で、全国の廃道や廃墟、廃村などを探索し、写真や映像に撮るサークルを運営している。メンバーは皆社会人であり、会費などは発生しないが、それなりに泊まりがけの遠征も多く、その際の交通費や宿泊費は各々が自己負担しなければならない会則なのだそうだ。

ある時、彼は新たな企画を思いつき参加者を募ったが、彼の他には二人しか参加希望者がいなかったという。場所が遠いというのも理由の一つかもしれないが、それよりも忌避されたのは、目的地が青木ヶ原樹海だったからに他ならない。しかも彼の計画は、遊歩道から外れて原生林の中を進み、その中で一泊するというものだったからなおさらだ。正直、かなり常軌を逸している。

勿論、彼はその場所が自殺の名所、ひいては心霊スポットになっていることは十分承知していた。が、元来彼は幽霊などといった類は一切信じていないタイプであり、それよりも彼は本物の自殺体が見られるかもしれないという所に興味を引かれていたそうだ。

結局、彼を含めて三人しか集まらなかったが、その企画はそのまま決行された。下手に女性メンバーや怖がりなメンバーが参加して計画がスムーズに進まないよりは遥かに好都合だったという。

そして、彼らは三連休を利用して青木ヶ原樹海へと向かった。一台のミニバンに荷物を積み、現地に到着するとできるだけ離れた場所に車を停めて、そこからは徒歩で樹海まで歩き、適当な場所から森の中へと入っていった。荷物はできるだけ少なくした。撮影機材と食糧、そして、野生動物と遭遇した時のために一応、武器になる物も持ち込んだが、用心深く用意周到な彼にはあるプランがあった。

それは樹海の奥まで入ると方向感覚がなくなり出られなくなるという噂を聞いて思いついたものだった。一体何を用意したのかというと、釣り糸だという。釣り糸を入り口の木に縛り付け、その先端を持って移動する。釣り糸の長さが足りなくなったら、新しい釣り糸を結び付けて延長する。そうすれば、絶対に帰り道に迷うことはないと確信していた。

一日目、彼らはかなり奥地まで樹海の森に踏み入った。しかし、自殺体を発見することはできなかった。仕方なく彼らはその夜、予定通り樹海の奥で野宿することにした。季節は夏だったからそのまま寝ても凍死する心配はなかった。それでも、彼らは焚き火を囲み、持参したレトルト食品や菓子パンなどを食べて、最後には各々が持ち寄った酒を飲みながら眠るまでの時間を過ごした。あとは簡易型のテントを張り、その中で寝袋に包まって寝た。彼はその時の感想をこう話してくれた。

樹海の奥地は決して静寂と闇が支配する世界ではなかった。寝ていると、風の音や木々の擦れる音が煩いくらいによく聞こえてくる。そして、誰かの足音や話し声も……。だから、全然怖くは感じなかったよ――と。

実際、その時点でかなりの恐怖体験をしていると思うのだが、あくまで幽霊というものを信じようとしない彼にとってはそのどれもが恐怖の対象とはなり得なかったのかもしれない。しかし、彼にとっても計算外の出来事はあった。それは朝になって起きると、点けたまま寝たはずの焚き火が、明らかに誰かに水を掛けられたようにして消えていたことだった。さすがにそれを見た時は、彼も気持ち悪く感じたというが、それも、見知らぬ誰かが彼らが寝ているテントの近くまでやって来てわざと火を消していった……というあくまで人怖《ひとこわ》の感覚だったらしい。

二日目はその場所より奥には進まず、その近辺を探索することにした。そして、彼らはついに女性の首つり死体と対面することになった。低い高さから首を吊った死体……。まだ死んでから間もないのかと思えるほど上半身は腐りかけの状態だったが、なぜか膝から下の部分だけは完全に骨だけになっていた。なぜ、上半身と下半身で腐乱の度合いが違うんだ？　彼にはその謎は解けなかったが、その自殺体の女性の顔はまるで眠っているかのように不自然なほど綺麗なままだったという。

彼らは急いで警察に連絡しようと携帯を取り出した。しかし、昨日までは普通に繋がっていたはずの携帯が、なぜかどこにも繋がらなくなっていた。

どうする？　彼らは悩んだ挙げ句、徒歩で電波の繋がる場所まで戻り、そこから警察に電話をすることに決めたという。釣り糸は回収せず、それを辿るようにして戻れば、警察にもこの場所を案内することができると思った。

彼らはその場所を後にする前に、悪趣味にもその自殺体の姿をカメラとビデオにしっかりと収めたらしい。そして、昨日から歩いてきた道を戻り始めた彼ら。やはり、彼の思惑通り、釣り糸の道しるべのお陰で帰り道に迷うことはなかった。そして、釣り糸を回収せずにそのまま残しながら歩いたのも正解だった。釣り糸を巻き取る手間が省けて、かなり効率よく道を戻ることができたという。どれくらい樹海の森の中を戻っただろうか……。相変わらず、電波は届かなかった。昨夜はテントの中からでもしっかりと地元の友人と電話で話すことができていたから、彼にとってそれは理解不能な現象でしかなかった。

その時、彼らの中の一人が突然、声を上げた。

「おい！　何かが後ろからついてきてないか？」

彼ともう一人が立ち止まり、今歩いてきた釣り糸の先を凝視した。

すると、確かに釣り糸が大きく揺れて張ったり緩んだりを繰り返していた。

誰かが道に迷って釣り糸を辿ってついてきているのか？　彼はそう思ったという。それならば、困った時はお互い様、このままここでその人がやって来るまで待ってやり、一緒に森から出てはどうか。彼らはそう考えたという。

やがて、後方の木々がガサガサと音を立て出した。しかし、姿が見えない誰かは、怪我でもしているかの、とても歩く速度が遅かった。先程から草木の擦れる音が聞こえており、こちらに近づいてきているのは分かるのだが、一向にその姿が見えてこない。

彼らは後方に向かって声を掛けてみた。おーい！　大丈夫ですか～？　と。

しかし、全く反応はなかった。

おいおい……せっかく待ってやってるっていうのに……。彼らは少しムッとしたままその場でイライラと待ち続けた。

しかし、次の瞬間、彼らは全身から血の気が引いていくのを感じた。心の悲鳴とは裏腹に、掠れ声一つ出ない。後方の森の中から姿を現したのは、明らかに生きた人間ではなかった。すぐにその場から逃げ出したから、はっきりとは確認できなかったが、その姿は先程見た自殺体の女性にしか見えなかったという。

彼らはただ、死に物狂いで走り続けた。もう釣り糸を辿っている余裕などなかった。それでも、彼ら三人一塊になって走り続けた。はぐれたら終わり。誰もがそう思っていたと思う。その時の樹海からは、一人になってしまえば耐えられない程の恐怖を感じていたという。

幸運にも、彼ら奇跡的に近くを走る国道に出ることができた。そのまま地元に逃げ帰ってきた彼らだったが、もう二度と青木ヶ原樹海には近づかないことを誓った。

実はこの話には後日談がある。樹海の忌まわしい余波は、彼らが地元に帰ってきてからも続いたのだ。

まず、彼ら三人は揃って高熱を出し、数日間、生死の境を彷徨った。

その後、何とか熱も下がり、あの時に撮影した自殺体の画像と映像を消去しようとしたのだが、既にそれらは跡形もなくデータから消えていたという。

何よりも恐ろしいのは、彼らが地元に帰ってきてから、何度も夢にあの女性が出てきて、更には彼らの家の中から原因不明の死臭がするようになったことである。

「たぶん……俺らは、もう一度だけあの場所に戻らないといけないんだよ。だって、あの時の釣り糸はまだ出口まで繋がっているんだから……。だから、一刻も早くあの釣り糸を切ってこないと……」

彼は恐怖に歪んだ顔で俺にそう呟いた。

歩道橋

　これは知人男性が体験した話。彼が以前住んでいた場所は、東京の古い家々が残る下町とも呼べる場所だった。彼が生まれてからずっと育ってきた町である。

　しかし、彼はその町がどうにも好きになれなかったという。確かに古き良き街並みが残る風景は、ノスタルジックな雰囲気を好むよそ者にとっては、たまらない場所なのかもしれないが、ずっとその町で育ってきた彼に言わせれば、単に時代に取り残された浮いた存在で、まるで現世とあの世が同時に存在する、パラレルワールドのように感じられたという。勿論、彼がそんな風に感じるようになったのには理由があった。

　これから書くのは、彼にその町との決別を決意させた切っ掛けに関する話になる。


　彼の生家からそれほど離れていない場所に古い歩道橋があった。錆びついた歩道橋は相当古く、彼が物心ついた時からそこに存在していたという。

　だが、誰かがその歩道橋を渡っているところは一度も見たことがなかったという。その地域の住民達は、歩道橋のすぐ近くにある横断歩道を利用していたし、近くに地下道ができてからは、その歩道橋の存在意義すら理解できなくなった。

彼が通学する際は、必ずその歩道橋の横を通っていくのだが、いつもできるだけ歩道橋から離れて歩くようにしていた。自分でもその理由は分からなかったが、本能的にそうしなければいけない、と確信していたのだという。

実際、その歩道橋の横を通り過ぎようとすると、誰かの視線を感じて思わず振り返ってしまうことも一度や二度ではなかった。そんな時には必ずと言って良いほど歩道橋を数段上った所に、知らないおばさんが立っている。おばさんはこちらを見て終始ニコニコしているのだが、どうやらそのおばさんの存在は彼以外の人間には一切視えてないのだということが次第に分かってきた。

そんな訳で、その歩道橋は彼にとってずっと禁忌の場所だった。これから書くのは、高校生になった彼が部活動の遠征に出かけ、帰りがかなり遅くなってしまった時のことである。

その日、県外への遠征はトラブルが発生したせいでバスが学校に到着したのは午前十時を回っていた。そこから解散になったが、途中まで友達と一緒に帰ることにした。お腹も空いていたので一緒に食事をし、その日の出来事で盛り上がってしまい、結局、友達と別れて帰路に就いたのは午前〇時近かった。

翌日は休みだったし、遅くなることは事前に顧問の先生から自宅へ連絡が入れられている。だから、彼としては何の不安もないはずだった。それなのに、妙に不安になっている自分に気づき、その原因を考えてみた。すると、彼の脳裏に、その頃は大して気にもしていなかったあの歩道橋のことが思い出されたのだという。

家が近づいてくるにしたがって、彼の足取りはどんどんと重くなっていった。確かに小学生の頃は、その歩道橋に近寄るのさえも恐れていたが、さすがにその恐怖心も成長するにつれて薄くなってきていると感じていた。だから、何も怖がる必要はないのだと、彼は落ち着いて自分に言い聞かせたという。

そして、いよいよ歩道橋が見える場所までやって来た時、彼の視界に飛び込んできたのは、歩道橋の上を歩く大勢の人の姿だった。

なんだ……夜でも人がいっぱいいるじゃないか。何も怖がる必要なんて……。

そこまで考えて彼は固まった。

どうしてこんな夜更けに、あんなに沢山の人が歩道橋を歩いているんだ？　昼間でもあの歩道橋を利用している人なんて見たこともないのに……。

しかし、その歩道橋の横を通らないと自宅へは帰れなかったし、歩道橋の下の道路にはまだ沢山の車が走っているのが見えた。彼は勇気を出して足早に歩き出した。

さっさと歩道橋の横を通り過ぎればいいだけ……。小学生の頃と同じだ……気にするな、まっすぐ前を見てろ……そう自分に言い聞かせ叱咤する。

その言葉通り、まっすぐに前だけを見て通り過ぎれば良かったのかもしれない。

しかし、彼は歩道橋の近くまでやって来た時、ついいらぬ好奇心から頭上を見上げてしまった。そして、再び固まった。今度は金縛りにでも遭ったかのように全く身動きできなくなった。

そこで彼が見たモノとは、歩道橋の上から下を走る車に向かって順番に飛び降りていく人の列だったという。歩道橋に真横に整列し、そのままジャンプするように下を走る車に飛び降りてはぶつかって、車輪に巻き込まれるようにして轢かれていく。その様子はとても正視できるものではなく、彼はその場で激しく嘔吐した。

しかし、それだけでは終わらなかった。車に轢かれたモノ達はすぐにむくりと起き上がっては、再び歩道橋を上がっていく。その無限ループだった。

彼はひとしきり吐いた後、何とかその場から走り出し、無事に家に帰ることができた。

しかし、それでもあのモノ達が車に飛び込んでいる音がずっと朝まで聞こえていたという。

ただ不思議だったたの、はそれらのモノ達を轢いたはずのドライバーにはその感触が全く伝わっていなさそうだったことだ。その証拠に、一台もその場で停止する車はいなかった。

結局、彼が大学へ進学し、他県に引っ越した数年後にその歩道橋は撤去されてしまった。

しかし、不思議なことにその歩道橋を撤去してから、その地域の道路では不可解な死亡事故が多発するようになったということである。

天国への階段

天国への階段って……知ってますか？　友人が飲み会の席に連れてきた彼は、俺が怪談を集めていると聞くと、唐突にそう問い掛けてきた。俺がすかさず、あの名曲のこと？と返すと彼はゆっくりと首を横に振りながら、こう言った。

あのね……たぶん僕は見てしまったんだと思います。一度死にかけた時に……その天国への階段って奴を……と。

俺が茶化さず頷くと、彼は一瞬躊躇う素振りをしてから、ゆっくりと話し始めた。

彼は以前バイクに乗っていた。四〇〇ｃｃのスポーツタイプのバイクだった。同じ頃にバイクに乗り始めた友人達は皆、もっとのんびりと走れるアメリカンタイプのバイクに乗り換えたりしていたが、彼は頑としてスポーツタイプのバイクに固執した。結婚もしておらず一人暮らしだったせいなのかもしれない。スピードを出して山道を走り回ってこそのバイク。それができないのならばバイクに乗る意味がない。そして、バイクで死ねるのならば本望だともその頃の彼は考えていた。

だから、その事故も起きるべくして起こったものだという。

愛車で少し遠出をした彼は、自宅に戻る際、初めての道だというのにかなりの速度で走っていた。何度もヒヤッとする瞬間があったらしいが、それは心臓が飛び出しそうになる恐怖と止められない興奮を彼に与えていた。そして、悪夢の瞬間は突然やって来た。

カーブの深さを読み間違えた彼はスピードを落とせないままセンターラインを超えてしまい、対向車線からは彼と同じように制御不能になった車が同じようにセンターラインを越えて膨らんだまま走ってきた。一瞬の出来事だった。相手の車のボンネットに自分のバイクがぶつかる瞬間がまるでスローモーションのように見えたという。そして、次に体の中で何かが弾ける感覚があり、その直後に凄まじい痛みと衝撃が彼を襲った。

その時、彼は自分が死ぬのだと思った。車と正面衝突すれば、死ぬのは当たり前なのだと。そして、自分が死ぬことを悟りながら彼の意識は飛んでしまったという。

次に目覚めた時、自分が真っ暗な空間で裸のまま寝ていたことに気がついた。上半身だけ起こして自分の体をあちこち触ってみたが、特に欠損している部分もなく、痛みすら感じなかった。

ああ、やっぱり死んだんだ……。

事故の瞬間のことははっきりと覚えていた。そしてあれだけの事故で体のどこも痛くないというのは通常あり得ないことはよく分かっていた。それにしても、死んだことに対して驚きも恐怖も感じていない自分が少し不思議だった。

彼はこれからどうすれば良いのか、と考えて辺りを見渡した。彼が座っている場所はまるでタイルの上のように固かったが冷たさは感じなかった。そして、ドライアイスでも置いてあるかのように白い蒸気で自分の足元は全く見えない。どこまでも続くぼんやりとした暗い空間に自分一人がポツンと取り残されている。これからどうすりゃいいんだよ？これじゃ進む方向も分からないじゃないか……。そう思って途方に暮れている時、先程までは何もなかったはずの方向にうっすらと白い光が口を開けていることに気づいた。

あそこだ……あの光に向かえばいいんだな……。彼はそう独り言を言うとゆっくりと立ち上がって歩き出した。その空間では距離感が掴めないのか、どれだけ歩いてもなかなかその光まで辿り着くことができなかった。まるで虹でも追いかけている感覚だったという。それでも何とかその光まで辿り着いた彼は一度深呼吸をしてからすぐにその光の穴の中へ入っていった。

穴の中は予想とは違ってまるで洞窟の中のようだった。そして、彼が立っている場所を起点として下のほうへと石で造られた螺旋階段がぐるぐると続いていた。階段は下へ行くだけで、上へと昇る階段はどこにも見当たらない。そして、ふと背後を見てみると、先程の光の穴は跡形もなく閉じて消えてしまっていた。どうやらもう、下へ進むしかない。

仕方なく彼は、ゆっくりと階段を下り始めた。彼は螺旋階段の隙間があれば下がどうなっているのか、見えるかもしれないと思い必死にそれらしい隙間を探したが、なぜかどこにも隙間というものが見つからない。結局、行き先が分からないまま階段を下りていくしかなかった。

それは実に不思議な感覚だった。重力というものが存在しないかのように惰性では階段を下りていくことができず、それでいて体がふわふわと浮き上がりそうになることもなければ疲れも感じない。下りていくのも立ち止まるのも自由……。それを感じた時、彼はこれから自分が向かっていく先が天国なのだろうと確信した。もし地獄ならば、それは否応なく連れていかれる場所だろう。この自由に満ちた感覚は、天国に行くからに違いないと、根拠のない説明で自分を納得させていたという。

そうと決まれば、立ち止まっている暇はない。もう死んだのだから、一刻も早く天国に行ったほうがいいだろう。彼はそう心を決めると、休むことなく階段を下り続けた。それにしても長すぎる階段だった。明かりなど点いていないのに足元は暗くなかったから、彼もそれなりのペースで足を進め、ひたすら階段を下り続けた。

しかし、どれだけ経っても同じ階段が続いているだけ。感覚的にはもう二、三時間は降り続けている気がする。

彼は一度立ち止まって考えた。本当にこの階段を下りていっても大丈夫なのだろうか。しかし、どれだけ考えても答えなど見つかるはずもない。彼は仕方なく再び立ち上がると、また静かに階段を下り始めた。

すると、しばらくして足元の感覚が変わった。それまでは彼が裸足の足で下りていくペタペタという足音が聞こえていたのが、なぜか自分の足音が何も聞こえなくなった。これは何か状況が変わったしるしかもしれない。少しは天国に近づけたのだろうか。彼にはそれがとても嬉しく感じられた。

そうこうしているうちに、今度は階段の下のほうから暖かい風が吹いてきて、それと同時に人の声が聞こえ始めた。

もう少しなのか……？　彼は階段を下りていく速度を速めて、この先に何があるのか、早く確かめようとした。すると、唐突に螺旋階段が終わり、そこからは一本の橋が前方へと延びていた。彼は躊躇することなくその橋を歩き始めた。

橋の上は、光と闇が交錯する世界だったという。天国とも地獄ともとれる世界。それでも彼には前へと橋を進み続けるしかなかった。橋もまた螺旋階段に同じく、終わりが見えない程長いものだった。そしてもう、自分が渡り始めた地点が見えないくらいまでやって来た時、突然橋の下から声が聞こえてきた。

お〜い！　こっちだぞ〜！　見れば、沢山の人達が彼に向かって手招きしてくれていた。

そうか、ここから飛び降りろってことなのか？　ここが天国なのか？

内心、彼は少し困惑していた。というのも、その場所は彼が思い描いていた天国とはまるで違う世界に見えたからだ。

でも、もう後戻りもできないもんな……。

そう思ってもう一度橋の下を覗き込んだ彼は、そこに、般若のような顔でこちらに向かって両手でバツマークを作っている女性の顔を見つけた。

あっと目を見開く。間違いない、それはかなり前に亡くなった母方の祖母の顔だった。

彼はその祖母の顔を見るなり、急いでその場所を離れ、更に前方へと橋を渡っていった。

祖母はいつも自分を可愛がってくれたが、自分が悪いことをしたり、間違ったことをした時には般若のような怖い顔で叱ってくれたものだった。

橋の先がどうなっているのかなんて見当もつかなかったが、とにかく彼は全力で走り続けた。なぜかその時には息も切れたし、足もどんどんと疲れて動かなくなっていった。

それでも必死で走り続ける彼は突然、足場を外されたように暗い闇の中へと落下していった。意識がどんどんと霞み、遠くなっていく……。

そうして次に彼が目覚めたのは、病院のICUだった。一時は脳死と判定されたらしいのだが、意識を取り戻した彼はその後、奇跡的な回復を見せ、何度かの困難な手術を乗り越え、一年以上掛けて病院から退院することができたそうだ。

彼は最後にこう言っていた。

「やっぱりその時に僕が向かっていたのは天国だったと思います。だってあのおばあちゃんがいたんですから……。だから、僕ははっきりと断言できます。天国への階段は上じゃなくて下へ向かってるんです……」

下へ、下へ。

窓に映る女

彼はとある出来事から、左足が義足になっている。

その原因は単なる事故や病気ではない。それをこれから書こうと思う。

最初にそれを視たのは秋頃のことだった。彼は八階建ての賃貸マンションの三階の一室に住んでいた。その日も彼は仕事から帰宅すると、趣味の模型作りに精を出していた。小さな頃からずっとプラモデルが大好きで、コンクールで入賞したこともあった。今では車や飛行機などからステップアップし、船や城といったより高度で高価な模型作りに移行していた。

週末は仕事から帰る途中で夕飯を済ませ、マンションに戻ってからはすぐに模型作りに没頭する。それが、彼にとって至福の時間であり、ある意味、ストレス解消にもなっていた。模型作りに没頭していると時間が経つのも忘れてしまい、気づけば夜が明けてしまっていたということも一度や二度ではない。

その夜も、いつものように模型造りに没頭してしまい、気がつけば時計は午前二時を回っていた。眠気は感じなかったが少し喉の渇きを覚えた彼は、飲み物を取りにキッチンに向かった。冷蔵庫からペットボトルを取り出すと、それを持ってまた作業中の模型の所へ戻ろうとした。と、その時——彼の視界にあり得ない光景が映り込んだ。

それは、リビングの窓から見えている女の横顔だった。ただ、窓といってもベランダ側の大きな窓ではなく、壁に開いている小さな窓のほうだった。そこに女性の横顔がはっきりと映り込んでいる。まるで当たり前のようにそこにいるが、窓の向こうに足場になるようなものは一切ない。人間が立てるはずはなかった。

しかし、彼はその女性の横顔から目が離せなくなっていた。それと同時に、自分の中にある不思議な感覚に気づく。それは、自分が全く恐怖を感じていないということだった。そんな場所に生きている人間が立っていられるはずはなく、しかも、時刻は午前二時を回っている。ということは、自分が今、目にしているのは間違いなく人外のモノなのだろう。それなのに、全く恐怖を感じていない自分がとても意外だった。

勿論、窓を一枚隔てているという安心感もあるのかもしれない。とにかく怖さよりも、どうやってそこに立っているのか知りたいという好奇心のほうが強かった。

しかし、女性は彼がほんの一瞬、目を離した隙に、その窓から消えてしまっていた。

翌朝、彼は昨晩女性が立っていたであろう場所を、マンションの駐車場から確認してみた。しかし、案の定そちら側の面には突起物が何もなく、明らかにその女性が宙に浮いた状態でリビングの窓に横顔を映していたのだと確信した。

それならば、もっと色々と試してみれば良かったかな……。彼はそんな風に残念がった。

それからその女性は毎週末、彼が深夜に模型を作っている時に限って現れるようになった。彼はその様子をカメラに収めることにした。そして、あることに気づく。

それは、その女性が少しずつ角度を変え、部屋の中にいる彼のほうへと顔を向けてきているということだった。しかし、相変わらず全く恐怖を感じなかった彼は、悠長にその女性の顔を写真に収め続けた。彼にとって、それは怪異ではなく、週末の夜の恒例行事となっていた。そして、彼の気持ちに呼応するかのように、その女性の顔がこちらに向き続ける速度も気のせいか、段々速くなっているように感じていた。

そして、ある夜のこと。いつものように模型を作っていると、やはり午前二時を回った頃にその女性が窓に映し出された。しかも、とうとう女性の顔は真正面から彼の顔を見つめる角度になっていた。

そして、女性の口が彼に向かって何かを喋った気がしたのだという。

しかし、それ以降の記憶は全く残っていない。気がついた時には、マンションのベランダから飛び降り、駐車場との境目にあるフェンスに彼の足が突き刺さるようにして落下していたという。痛みは感じなかった。ただ気がついた時には病院のベッドに寝かされており、自分の左足がなくなっていることに愕然とした。

フェンスに突き刺さった足がクッションになって彼は一命を取り留めたが、その代わりに彼の左足は全てがズタズタに引き裂かれるように断裂しており、命を優先して左足の切除を行ったのだと説明された。

以後、彼は義足での生活を余儀なくされている。もっとも最近の義足はかなり性能も良く、不自由も最低限で済んでいるようだが、彼はそれ以降マンションには住めなくなり、平屋のアパートを探して住んでいるそうだ。

その女に恨みの感情はないと語る彼だったが、落下する直前に聞こえた、女のけたたましい笑い声だけが今も記憶に残っており、それが今恐ろしくて仕方ないのだという。

開いたドア

部屋で一人、夜更かしをしている時に体験してしまった怪をもう一話、記す。

その時、彼は週末の夜を利用して月曜日に仕事のプレゼンで使用する資料を作成していた。会社での作業とは違い、自宅での作業は良い気分転換にもなり、新しいアイデアも色々と浮かんできてしまい、気がつけば時刻も午前〇時を回っていた。しかし、眠気も感じなかったし、頭は冴えまくっていたから、彼としては何とかその資料を完成させてから眠りに就こうと思っていた。

妻や子供達は既に就寝していたから、彼としてはできるだけ静かに仕事に精を出した。こうやって集中している時の時間というものはとても早く過ぎていくものなのかもしれない。ふと、彼が時計を見ると、時刻は既に午前二時を少しだけ回っていた。

もう少し……もう少しだけ頑張ろう……。

そう思いながら彼はパソコンデスクに向かい、用意しておいた資料とパソコンの画面を交互に見ながら作業を続けた。

そんな時、彼の耳にカチャッという音が聞こえてきた。そして静かに、ゆっくりと彼の右前方のドアが開いていくのが見えた。そこで彼は固まってしまう。

妻ならばドアを開ける際には必ずノックをするはずだからだ。

ということは、ドアの隙間からこちらを覗いているのは妻ではないということになる。

だとしたら、一体誰が……？

彼の視界の隅では間違いなくドアが開いており、その隙間からじっとこちらを見つめる女が佇んでいるのが薄っすらと映っていた。ドアの隙間から体半分だけが見えるようにしてじっと立っている。それが、無性に恐ろしかった。

本来ならばそちらに視線を向けて確認すれば良かったのだろうが、そんな勇気は彼にはなかった。まともにその女と眼が合ってしまったら、気が狂ってしまうような気がしたのだ。

だから、彼はほんの一瞬だけマウスに視線を向けるようにして右前方の足元へと視線を泳がせた。これは失敗だった。途端に全身に鳥肌が立つ。その時彼が見たのは、細すぎるという形容を超越した、骨と皮だけの生足だった。しかも、その足は所々が緑色や紫色に変色していた。明らかに妻の足ではなかった。いや……人間の足ではない、と確信した。

そうなると、考えるのはどうすれば良いかということに尽きる。

どうやったらこの窮地から脱出できるのか？　やはり、その女を睨みつければ良いのか？　それとも、このまま気づかないフリをすれば良いのか？

色々と逡巡するものの、彼の答えは既に決まっていた。女を凝視する勇気など持ち合わせていないのだから、このまま気づかないフリを続けることを選ぶしかない。

とはいえ、己の中に生まれた恐怖を無視して、仕事に集中することなどできるものではない。それに、その時、彼の体は恐怖で小刻みに震えていた。そんな恐怖を悟られまいと、無理やり強くキーボードを叩いてみたりもした。しかし、そんなことで恐怖が払拭されることはなかった。

彼は、女が今にも部屋の中へ入ってくるのではないかと気が気ではなかった。しかし、その女が部屋に入ってくる気配はなく、いつまで経ってもただ開いたドアの隙間からこちらを覗いているだけだった。

彼にはそれがとてつもなく長い時間に感じた。

冷汗が背中を伝い目には薄っすらと涙まで浮かんでいた。どれだけそんな時間が流れただろうか……。突然、彼の視界の端で、音もなくドアが閉まり出した。

ゆっくりと、ゆっくりと。そうして最後に、カチャッという音がして、ドアは完全に元通り閉められた。彼は全身から力が抜けたように机に突っ伏した。

何だったんだ……今のは？　あんな女には見覚えがなかったし、何よりどう見ても人間の姿ではなかった。ただ、助かったことだけは事実だった。

彼は深く息を吸い込むと、それまで無意識に小さな呼吸しかしていなかったのか、思わず咳込んでしまった。

とりあえず、あの女はどこかへ行った……。だとしたら、どうすれば良い？　やはり家の中をしっかりと見回るべきなのではないか？

だが、もしそうするとしても、一人では不安だ……。申し訳ないが妻を起こして一緒に家の中を隅々まで見回ることにしよう……。

そんなことを考えていたのはあの女がドアを閉めてから二、三十秒くらいのことだった。

突然、妻の寝室がある向かいの部屋のドアが閉まる音がした。

え……？

彼はまた固まってしまった。今度は妻の部屋に行ったのか？　しかも、今聞こえたのは間違いなく部屋のドアを閉める音だった。

そうなると、もう怖いなどとは言っていられなかった。

妻を助けなければ！　そう思った彼は急いで立ち上がると、思い切ってドアを開け、廊下へと出た。

廊下の明かりを点け、誰もいないのを確認すると急いで妻の寝室のドアを開ける。妻には悪いと思ったが、そんなことを気にする余裕はなかった。

まずは妻を起こして、逃げなくては……。

眠っている妻を揺り起こそうとして、再度、彼はその場で固まってしまった。

妻が寝ているはずのベッドに、彼の妻の姿はなかった。代わりに、先程まで彼の部屋のドアからずっと部屋の中を覗き込んでいたあの女が横たわっていた。

しかも、気味の悪い笑みを浮かべ、大きな目をかっと開いたままで……。

彼は飛び退るようにベッドから離れると、急いで部屋の明かりを点けたという。

「なぁに……どうしたの？」

すると、急に明るくなった部屋の明かりに眩しそうに目を擦る妻がベッドの中にいた。

妻はいつもと全く変わらなかったが、彼は先程見た女のことは何も言わずに、

「ごめん……なんでもない……」

そう言って明かりを消して部屋を出た。

それから、怪異と呼べるような不可解な現象は一切起こってはいないらしいが、それゆ

えなおのこと、彼は恐ろしいのだそうだ。

あの時、ドアの隙間から覗いていたのはやはり妻なのではないか？

だとしたら、どうして妻が……？

彼に心当たりはなく、妻もいつもと変わらないらしいのだが、最近、気がつくと妻がじっと彼のことを見つめているのに気づき、ハッとしてしまうことが多くなったという。

だから彼は最近では、できるだけ妻と二人きりにならないようにしているということである。

マンホール

これは以前、飲み屋で知り合った方から聞かせてもらった話になる。

彼は大学を卒業してから一度は会社に就職したものの、どうしても馴染めず、そのうち精神的にもやられてしまい、すぐに会社を辞めた。それからはバイト一筋で生活している。元々結婚願望もなく、働きたい時に好きな仕事を選んで働ける労働スタイルが自分には合っているのだ、と言っていた。

そんなこんなで、それこそ思いつく限りの種類のバイトをしてきたという彼。その中には危険な体験やどうしても説明のつかない出来事を体験した職場もあったと聞く。

中でも、夜間の工事現場で交通整理をしていた時の話がとても印象に残っているので、書いてみたいと思う。


その時、彼は田舎にある県道の道路工事のバイトをしていたという。いつもは高速道路だったり国道だったりとそれなりに交通量の多い道での工事に呼ばれることが多かった。だから、その時は少し不思議に思ったという。彼がバイトとして行っている仕事は工事区間を交通整理。つまり工事区間の両端に二人が立って交通整理を行う仕事なのだが、その日は現場について作業し出しても、殆ど車が通らない。

どうしてこんな辺鄙《へんぴ》な場所の道路の工事で交通整理が必要なんだろう？

そう思っていたが、確かに交通量が多い道路と比べて、明らかに暇であり緊張感も感じなかったから、たまにはこんなバイトも良いかなと思いなおして、仕事に集中することにした。

それにしても、やって来る車があまりにも少なかった。そうなると、ついつい彼もぼんやりと気が抜けてしまう。

こんな感じで朝までずっとぼんやりしているのも辛いもんだな……。

そんなことを考えながら、彼は工事の明かりで照らされた範囲内で何か興味をそそるものはないか、キョロキョロと周りばかりを見ていたという。

片田舎の寂《さび》れた田舎道。周りには工事業者が沢山いて怖くはなかったが、不思議とその時、その一帯だけが現世から隔離された空間であるような錯覚を覚えたという。

周りに見えるものといえば、どこまでも続く山々と畑だけ。自動販売機や電柱くらいしか現代を感じさせるものはなかった。

こんな場所なら、時代劇のロケにも使えるかもしれないな……。

つらつらとくだらないことを考えていると、ふと彼の視線の先に黒いマンホールが映った。いつもなら気づきもしないマンホールだが、その時には不思議とそのマンホールに興味をそそられた。

へえ、こんな場所にもマンホールがあるんだな……。

マンホールの下はどこまで続いているんだろうか？

そう思って、ぼんやりとマンホールを見ているうち、彼は思わず声を上げてしまった。

マンホールが、動いたのだという。

五メートルほど離れた場所にあったマンホールの蓋が、明らかに一メートルほど遠ざかったように見えた。彼は自分の目を擦りながら、もう一度路上のマンホールを凝視した。

寝ぼけているのか、俺は……。

そう自らを疑ったが、やはりマンホールは彼の目の前で動き続けていた。遠ざかったかと思えば、すぐ近くまで来ていることもある。そして、その不可思議な現象に、工事作業を続けている人達は誰も気づいてはいない様子だった。

そのマンホールの蓋は、彼が視線を逸らすたびに移動していた。実際に移動している瞬間を見た訳ではなかったが、それでも間違いなくマンホールの蓋は位置を頻繁に変え、移動している。

そのうちに彼は、ついついそのマンホールが移動するという珍事に熱中してしまう。

次はどこに移動しているのかな？　といった具合に……。

しかし、それにもそのうち飽きてきて、つい睡魔に襲われた。今までこれほど交通量が少ない場所に従事したことはなかったし、工事の音が煩いとはいえ、周りは暗闇に包まれているため、ウトウトしてしまうのも必然の流れだった。時間にして、ほんの一、二分、彼は立ったままうつらうつらしてしまったようだ。

しかし、ハッと我に返った瞬間、彼の眠気は一気に吹き飛んでいた。

あの黒いマンホールの蓋が、彼の周りをぐるりと取り囲んでいた。先程は一つしかなかったはずのマンホールの蓋が、一体どこから出てきたのか、一気に増えて彼の周りを完全に包囲していた。

しかし、彼が眠気が吹き飛ぶほど恐怖したのは、その点ではなかった。

彼を取り囲んでいるマンホールからは無数の頭が出ており、その顔がじっと彼を見つめていたからである。いや、睨んでいた、と言ったほうが的確かもしれない。

少しでも隙を見せたら大変なことになる……。

そんな何者かに狙われているような危険を、彼の本能が感知していたという。

彼はそれから、じっとそのマンホールを見張り、監視した。少しでも目を離せば、そのマンホールがもっと近くまで寄ってくるような気がしていた。

マンホールとの睨み合いは、とてつもなく長い時間に感じた。

結局、彼はそのまま朝になるまでじっとその視線に耐え続けて職務を果たした。

その間、やはり車が通ることは一度もなく、彼はそのマンホールから視線を外さないことだけに集中したという。

そして、朝方になり、東の空から明るくなってきた頃、彼は真実を知ることになった。

昨夜、暗がりの中でマンホールだと思い込んでいた物の正体は、マンホールの蓋なんかではなかった。

それは、地面に空いた円形の穴……。

当然、その穴から顔を出していたのも人間ではなく、明らかに異形のモノ達であった。

それらは朝の光が濃くなってくると、穴の中に沈むようにして消えていき、やがてその穴自体も見えなくなったという。

不思議だったのは、工事が終わり、改めてその場所を見てみた時、道路に少しも作業した形跡がなかったことだ。一体、彼らは一晩、何をしていたのだろう。

おまけに、工事業者の元に彼が近づいていくと、彼らは皆、驚いたような顔でまじまじと彼を見ていたそうだ。

その顔はまるで、どうして……無事なんだ？　とでも言いたげな、何とも複雑で失礼な表情だったという。

彼はそれ以来、その業者のバイトには参加しないようにしている。それでも時々、その時の恐怖が蘇るのか、今でもマンホールの蓋には近づけないのだそうだ。

高所作業

以前珍しい仕事をしていた方と話す機会があった。その男性が勤めていたのはビルの管理会社。管理会社といっても住民の入居状況や清掃などを管理しているのではなく、ビルの屋上や鉄塔に設置されている電波塔やアンテナを設置・保守する仕事。その中でも彼が担当していたのは既設の電波塔やアンテナを点検、修理する仕事なのだという。

当然、彼は昔から高所が苦手ではなかった。いや、むしろ好んで高い所に登ることが多かった。他人が怖くて近づけない場所も、彼にとっては解放感さえ感じられる癒しの空間になっていた。

そんな彼は元々は普通の会社員をしていたそうなのだが、ある時高所作業をしている人達の姿を見て、一大決心のもと転職してその管理会社に入った。

実際、転職は簡単だった。とにかく世の中には高所が苦にならない人がとても少ないらしく、更に命の危険を冒してまで高所作業に従事することに抵抗がある人が多い。そのため、彼は書類選考と簡単な面接だけで即採用になった。

それからある程度の期間、先輩について作業内容を学んだが、どんな高所でも全く怖がらない彼に、他の先輩社員達も皆、驚いていたという。その会社でも彼ほど高所を怖がらない社員は他に一人しかいなかった。その先輩社員はそれなりに高齢だったが、危険な高所での作業が可能ということで、会社からもかなり重宝がられていた。

彼はその先輩についてかなり危険な高所作業に同行したことがあったが、その際に言われたのが妙なアドバイスだったという。

それは、「何を見てしまっても、見なかったことにしてすぐに忘れろ！」という言葉だった。そして、その先輩はこんなことも言っていたという。

「一人になる高所ではできるだけ上や周りは見るな！　できることならば下ばかり見るようにしろ！」というものだった。それまで高い所に登る時にはできるだけ下は見ないほうが良い、と聞かされていた彼はおかしなことを言うものだ、と不思議に思ったという。

しかし、ビルの屋上から伸びる鉄塔や電波塔、そしてアンテナなどのメンテナンスのために、たった一人で高所での作業をするようになると、その言葉の意味が次第に理解できるようになってきた。

命綱だけを頼りに危険な高所作業に従事していると、いつもはかなりの強風に悩まされる。下にいた時には感じなかった風の存在が、ある意味恐怖を伴って襲ってくる。しっかりと自分が登っている鉄でできた部分を握っていても、吹き飛ばされそうになることもある。そんな時には命綱だけが自分の命を繋ぎとめてくれているのだと実感する。

しかし、彼はこれまでに何度もそれまで吹いていた強風がピタッと止んでしまったと感じる経験をしているのだという。そんな時には必ず奇妙なモノを視てしまう……。

それは、人の姿だったり、空中にぽっかりと開いたドアだったりするらしい。それは女性であることもあれば、男性であることもある。とにかく自分よりも高い場所に、ごく普通の普段着姿の人が気持ち良さそうに座って景色を楽しんでいる。

また、何もない空中に忽然とドアが出現する。それはどこの家庭にもあるような普通のドアであり、それが半開きの状態で目の前に出現する。最初、それらを視た時、彼は一体何が起こったのかとパニックになった。勿論、極限状態にいる自分が精神的に不可思議なものを視てしまっているのだ、と自分に言い聞かせた。しかし、それらはまるで危険な場所に出現したオアシスのように、とても心を惹きつけられてしまうのだという。そして、いつしか命綱を外そうとしている自分に気づき、ハッと我に返ったのは一度や二度ではないという。

そんな自分の体験を先述の先輩社員に話したところ、やはりお前にも視えたのか。でも、気をつけろよ！　あいつらは危険な存在なんだ……。そうやってお前の命綱を外させて、そのまま落下させようとしているだけなんだから。そう真顔で言われたという。

彼はそれらを視たのが自分だけではないのだとホッとする反面、背筋に悪寒が走るのを感じたという。それからは、一人きりでの作業の際にはできるだけ上は見ずに下ばかり視るようにしている。それでもやはり、かなりの確率で姿を現し、じっとこちらを見つめているのが分かるのだと言う。

今はもうその仕事を辞めてしまった彼だが、その退職理由はやはり、それらの誘惑に負けて何度も命綱を外そうとしたことなのだという。

ドアが増える

これは知人男性から聞いた話になる。

彼は、田舎の両親を突然相次いで亡くし、その両親が住んでいた家に、家族と供に移り住むことになった。

窮屈な都会暮らしを辞めて、田舎でのんびり暮らしたいという意向もあったのだが、実はもう一つ、大きな理由があったのだという。

それは、両親が亡くなる前に電話してきた内容に起因するものだった。

〈あんたの部屋の向かいの部屋に、誰かがいるみたいなのよ……〉

それは彼の父親が亡くなり、一人残された母親が電話で何度も彼に言っていた言葉だった。

しかし、彼にはどうしてもその言葉が理解できなかった。

実家は、彼が大学進学で東京に出るまで両親と一緒に住んでいた家であり、今も年に一度は必ず帰省するようにしていた。だから、間取りなら当然熟知しているし、彼が以前使っていた部屋が、当時のまま保たれていることも分かっていた。

だとすると、彼の部屋の向かいには部屋など存在するはずがないのである。

二階には部屋が横並びで二部屋あり、その一つを彼が使い、もう一つは不用品をしまっておくための物置として利用されていた。だから、彼の部屋の前には廊下の壁があるだけで、部屋など存在していないのだ。

最初、その話を聞いたのは、まだ父親が存命している頃だった。そして、父親も彼に同じようなことを話していた。

お前の部屋の向かいに部屋があるんだ……と。

そして、その話をするようになってから彼の両親は相次いで亡くなってしまったのだ。しかも、死因は全て、寝ている時の心不全であり、朝になって冷たくなっているのを発見されていた。だが、彼の両親は持病などなく、まだ死ぬには若すぎる年齢だった。

そういった経緯があり、彼は両親の死の真相を確かめる意味でも、どうしてもその実家に住みたかったそうなのだ。奥さんは最初こそ反対したらしいが、彼が一人っ子であり実家の土地と家屋がそのまま貰えるのだと分かると、すぐに同意してくれた。奥さん自身も、都会の狭いマンション暮らしにはかなり嫌気がさしていたのだろう。

話が決まってからの行動は速かった。狭いマンション暮らしで荷物もさほどでもなかったし、とにかく早く引っ越しをして生活基盤を整えたかった。そのため、移住を決心してから二か月と経たないうちに引っ越しを含め、新たな土地での働き先もしっかりと確保したという。ほんの数か月前まで両親が暮らしていた家はきちんとリフォームされたばかりで傷みもなく、すぐに普通に暮らせる状態だった。


しばらくの間は何事もなく、平穏な暮らしが続いていた。おかしなことに気づき始めたのは引っ越しをしてから三か月経ったぐらいの時。家の中が荒らされているように感じた。最初は、あれ？　という感じだったのだが、次第にそれはエスカレートしていく。下駄箱の中に入れてあった靴が玄関に散乱しているようになり、それは洗濯物や食器などにも及んだ。

さすがに誰かが家の中に侵入したに違いないと思い、警察に届け出た。しかし、家の鍵はどこも内側からしっかりと施錠されており、外部からの侵入の可能性はないと断言されてしまう。対処のしようもなく日々が流れた。

そんなある夜のこと。彼が寝ていると、廊下から襖をパスンと閉めるような音が聞こえた。彼が寝ている二階には部屋が二部屋あったが、そのどれもが入り口がドアになっている部屋であり、襖の部屋など存在していなかった。

彼は静かにベッドから起き上がると、用心深く廊下へと出た。二階で寝ている彼の妻と娘は、先ほどの襖を閉める音で目が覚めなかったらしく、まだ寝ているようだった。時計の針は午前二時を少しだけ回っていた。

彼は廊下の明かりを点けて一階へと下り、先ほどの音が聞こえた場所を特定しようとつぶさに見て回った。が、特に異常は見つけられず、そのまま二階へと戻ってきた。そして、そのまま自分の部屋へと入ろうとした時、彼は思わず自分の目を疑った。

自分が寝ている部屋の向かいに、間違いなく襖があった。

絶対に存在するはずのない襖の部屋が、そこにしっかりと存在していたのだ。

彼は頭の中で両親が言っていた言葉を思い出していた。

〈あんたの部屋の向かいの部屋に誰かがいるみたいなのよ……〉

ずっと半信半疑に思っていたことが現実となって目の前に現れた。それはとても恐ろしいことだったが、彼がそもそもこの家に戻ってきたのは、両親が見たという存在しないはずの部屋と両親の死の関連性を確かめたかったからに他ならなかった。

彼は大きく深呼吸すると、その襖に手を掛け、静かにスーッと引いて部屋の中を覗いた。

部屋の中は真っ暗であり、畳敷きの部屋の真ん中に小さな日本人形が仰向けに寝た状態で置かれていた。それを見た時、彼はなぜか背中に悪寒が走った。

……これは見てはいけないものだ。そう感じたという。

彼は何事もなかったように襖を閉めて自分の部屋に戻り、ベッドに潜り込んだ。

心臓がばくばくと大きく脈打っていた。

どうして日本人形をそんなに怖がるのか、自分でも説明がつかない。だが、とにかく恐ろしい。恐ろしくてたまらない……。

その時、彼の部屋のドアがコツコツと音を立てた。

だが、ベッドから出て、その音を確認する勇気はもう持ち合わせていなかった。彼はただ、ベッドの中で震えたまま体を硬直させることしかできなかった。

その音はノックしているというよりも、何か固く尖ったものでドアを突いているような音に聞こえた。音は最初、ドアの下のほうから聞こえていたが、それがだんだんとドアの上のほうから聞こえるようになってくる。音の大きさも力強くなった気がした。

それでも彼は音を無視し、必死に耐えた。そして、そのまま一睡もできずに夜が明けるのを待ち、音もその頃には聞こえなくなったという。

完全に朝になったところで、彼は起きてきた家族に一応聞いてみた。昨夜、部屋のドアをノックしたか？　と。しかし、当然、ノックなどした者はおらず、彼はその日、会社を休んである準備をした。

それは、二階の廊下に数台、そして一階にも数台の監視カメラを設置する準備だった。作業は勿論、失敗のないよう専門の業者に頼んだ。

そして、夜になり、家族は各々の部屋へ引き上げた。彼も自分の部屋へ入り、じっとその時を待つ。

やがて、昨日と同じように彼の部屋のドアがコツコツと音を立てた。その夜も何とか朝まで我慢した彼は、すぐに業者を呼んで、一緒にその映像を確認してもらった。

結果、その場にいる者達全員が凍り付いた。

二階の廊下。彼の部屋の前を映した映像には、最初、小さな日本人形が彼の部屋のドアをコツコツと指で突いている姿が映し出されていた。

が、その人形は次第に大きくなっていき、やがては一人のか細い女性の姿になった。そして、その女は恐ろしい形相で彼の部屋のドアを指で何度も突いていたそうだ。

その映像を見た瞬間、彼はすぐにその家から退去する決断をした。

実家を離れてからは彼ら家族に怪異は及んでいないが、彼は最後にこんな風に言っていた。

「あの家は、一体いつからあんな状態になってしまっていたのか……。きっと両親は、あの人形を見てしまったんでしょうね……。そして、あの女に……」

その顔は紛れもなく恐怖に怯えた表情だった。

猫の集会

これはブログの女性読者さんから寄せられた話。

まだ、元号が昭和だった頃の横浜。日が暮れ始めると水銀灯の光がぼんやり灯り、この世のモノ以外の存在がもっと身近に感じられた時代の話になる。

季節は春、その日は朝から生暖かい風が強く吹いていたそうだ。

いつもは日向でのびている飼い猫達も何やら落ち着かず、そわそわとしているように感じられた。

日が暮れて、辺りが薄暗くなり始めた頃から、風の音の中に、何かの声が混じって聞こえてくるようになった。と、同時に、ますます猫達は落ち着かなくなる。

どうやら声の出所は道を隔てた先にある小学校の校庭のようだった。当時はまだおおらかなもので、校門はいつでも開放されており、校庭は誰でも自由に出入りできる場所だった。猫には恋の季節であるし、野良猫でも騒いでいるのかな、と最初は軽く考えていたらしいのだが、それにしては随分と騒がしい。

するとうっかり開けた玄関扉の隙間から、家の猫達が全員飛び出していってしまったのだそうだ。大人の猫だけでなく、まだ小さな仔猫まで飛び出してしまったため、慌てて後を追って学校の門をくぐり校庭に入った。

そこで彼女は思わず立ち尽くしたという。

彼女の目の前に広がる校庭には、灯り一つない薄暗い校庭を埋め尽くすほどの猫が集まっていた。

一体どこからこんなに集まってきたのだろうというくらいの猫、猫、猫……。その猫達が、それぞれに聞いたこともない声を上げていたのだという。

モノクロの世界の中、猫達の眼だけが妖しく光って揺れている。

想像もしなかった光景に、彼女は声も出せずにただ立ち尽くしていたのだが、ふと不穏な何かを感じた。それは、このままここにいてはいけない、見つかってはいけない……という心の声だった

はっとした彼女は、踵を返すと、ただがむしゃらにその場から逃げるように走り去ったという。

その後もずっと遠くから風に乗って聞こえてくる猫達の声がやむことはなかった。彼女はそのまま布団を頭からかぶって、震えながら一夜を過ごしたという。

翌朝、布団からそろりそろりと抜け出してみたところ、昨日の体験が嘘のようにカラッと晴れた爽やかな朝だった。

そして、猫達はといえば、いつの間にか全て戻ってきており、いつものようにのんびりと日向ぼっこをしている様子が目に入った。

昨日の出来事は夢だったのだろうか……?

そう思い、勇気を出して向かってみた小学校の校庭は、これまた嘘のように何もなく、いつもの穏やかな光景が広がっていた。

あの猫達はどこから、何のために集まってきたのか?

そして人のいなくなった校庭で何をしていたのか? そんな疑問だけが残ったという。


その後、一度もそのようなことは起きず、小学校も校庭を減らして増築してしまい、あちこちに夜も明るい常夜灯が設置されてしまった。

そして、全国的に子供を標的にした犯罪が増えていくにしたがって、小学校の校庭も開放されなくなり校門にもしっかりと鍵が掛けられるようになってしまった。

もしかしたら、もう、ヒトならざるモノは人間の近くにいられなくなってしまったのかもしれませんね、と彼女は言った。それでも彼女はいまだにあの夜の光景が目に焼き付いて忘れられないのだそうだ。それは懐かしく感じられる反面、もし、あのまま立ち去らずにあそこにいたら生きて帰れなかったかもしれないな、という恐怖なのだという。

これからはずっと

これは以前、知人から紹介されたある女性の話。その知人から相談に乗ってやってほしいと言われて会ったのだが、彼女には初めて対面した時から何か異質なものを感じた。全体の雰囲気が暗いのは仕方ないとしても、生気というものが全く感じられないのだ。もっともその理由は、彼女の口から聞いた話ですぐに理解できたのだが。

彼女の年齢は三十代後半。旦那さんとは、離婚ではなく死別なのだと聞かされた。

彼女の夫は、生前、公務員をしていたのだという。友達の紹介で出会った彼らは三年ほどの交際期間を経て結婚し、二人の子供に恵まれた。夫は少し神経質な部分もあったが、とても優しく、彼女や子供達のこと最優先に考えてくれる人だった。小さいながらも新築の一戸建てをローンで購入することもできた。彼女も結婚後も仕事を続け、平凡だがそれなりに幸せな生活を送っていた。

それが一変したのが今から数年前のこと。夫の優しい性格が仇《あだ》になってしまったのかもしれない。彼女には内緒で親友の連帯保証人になっていた夫は、その後すぐにその親友に騙されていたことを知った。その時の夫の落胆と絶望は、その姿を見ているだけで伝わってきたという。そして、夫は一人でふらふらと家から出て行ったという。それから夫とは全く連絡がつかなくなった。携帯に電話をしても「電波が届かない場所か電源が……」というメッセージが流れるだけだった。突然、一人になってしまった彼女は必死に二人の子供達を育てるために働いた。それこそ昼夜関係なく、短時間でも働ける仕事があれば躊躇《ためら》うことなく働いた。二人の子供だけにはどうしても貧窮した生活をさせたくはなかった。

ただ、彼女にとっては夫が一人で家から出て行ったことだけは隠し切れない程のショックとなって心に刻まれた。あんなにいつも家族のことを思ってくれていたのに……と。そうして彼女は必死になって働いたが、当然それまでの収入を維持できるはずもなく、結局、購入したマイホームもローンが払えなくなりアパートへと移り住んだ。そして、どうやらその頃から彼女自身も過大なストレスから精神のバランスを崩してしまったようで、仕事も欠勤が多くなり周りの目に耐え切れなくなって退職し、それからは生活保護を受けながら内職のバイトだけで暮らしていくようになった。

毎日の食事にさえ困るほどの貧窮した生活。だが、そんな苦しい生活の中でも彼女は決して『自殺』だけは考えることはなかった。自分一人ならばきっと自殺していただろうかもしれない。しかし、何の罪もない二人の子供達を道連れにしての心中など考えられないことだった。

そんな生活が半年ほど続いた時……。突然、失踪していた夫が戻ってきた。ボロボロの服装をしていたがなぜか生気に満ち、とても元気な様子で、今まではすまなかった。良い方法が見つかったからもう心配しなくてもいいんだ……そう言って目を輝かせていた。

その夜は久しぶりに外食をした。安価なファミレスではあったが、久しぶりの外食に子供達は大喜びしていたし、家族が久しぶりに皆で笑いあえた貴重な時間だった。

その夜、夫は彼女や子供達に気持ちが楽になれるからと言って数錠の薬を飲ませた。本当に深い眠りに落ちたという。

次に彼女が目を覚ました時、部屋の中が燃えているのが分かったという。赤い炎が部屋中を覆っており、彼女はその場で死ぬのだと覚悟した。すると、夫も目が覚めたようで彼女にぼそぼそと耳打ちしてから再び意識を失った。

その後のことは彼女自身、全く記憶がないそうなのだが、次に彼女が目覚めたのは病院のベッドの上で、沢山の生命維持装置に囲まれた状態だった。夫や子供達のことが一瞬、頭を過ったらしいがそのまままた意識が遠くなった。

彼女が完全に意識を取り戻したのはそれから数日後のことであり、退院までには半年ほど掛かった。

退院すると、医師や警察から衝撃的な事実を告げられる。

結局、彼女はその火事により夫と二人の子供を失ったこと。そして、火事の原因が夫による放火だと断定されたということだった。

それを聞いた時、彼女は呆然となった。どうしてこんなことになってしまったのかと、彼女は毎日泣き明かした。そうして泣いた後に残ったのは絶望だけだった。


ところが、退院してから彼女の元には毎晩、夫がやってくるようになった。

勿論、夫は死んでいる……生きているわけがないのだから、それでも死んだ人間だ。

警察から、夫が火事を起こした張本人だと聞かされていた彼女は必死で夫の姿から逃げ続けていた。

しかし、ある時から夫の姿は夜間だけではなく、昼間でも視えてしまうようになり、そして、その横には二人の子供達の姿もあったという。

その時点で彼女はもう全てを諦めている。何も望まないし、何もする気も起きないのだという。ただ、夫と子供達が迎えにくるのを待っているだけの日々……。

俺の知人はそんな彼女を何とか助けたくて俺に相談してきたそうだ。

俺はいつものようにAさんに相談し彼女にも面談させた。そして、その面談の後、Aさんは俺の問いかけに虚しく首を横に振った。

あれじゃ、助けられません……。そもそも彼女は生き続けることを望んでいないんですから。もう魂の半分はあちらの世界に行ってしまっているようなものです。それに、どうやらその夫は死ぬ直前に彼女はこう言ったみたいです。これからは家族がずっと一緒にいるんだ……と。そして、彼女もそれに対して頷いてしまった。

残念ですが、もう手遅れですね……。そうAさんは悔しそうにつぶやいた。

彼が望んだ結末

もう一つ、家族の話を聞いてほしい。

大切な人を失うと、人間というものはその現実を受け入れられないものなのかもしれない。幻影を見たり、叶うはずもない奇跡にすがってみたり。ましてや、それが最愛の家族だったなら、なおさらのことだ。正常な思考を維持し続けることは至難の業だと言える。

彼には同い年の妻と小学生の娘がいた。大恋愛の末に結婚した彼らには、俺達夫婦と同じように、なかなか子供ができなかった。長い不妊治療に疲れて諦めかけた頃、やっと彼らは子供を授かることになった。これもうちと同じだった。

愛娘は小学校に上がる頃になると、面差しが母親にとても良く似てきた。彼もそのことを心から喜んだ。彼にとって妻は、結婚してからもずっと理想の女性だった。その妻に似た可愛い娘にも恵まれ、まさに幸せの絶頂だった。彼は妻と娘に至上の愛を注ぎ、妻と娘も気持ちは同じだっただろう。

どこから見ても理想的な家族。そんな言葉しか浮かんでこない。

しかし、幸せというものはどれだけ望んでも永遠に続くとは限らない。それも、最悪のシナリオで終わりを迎えることもあるのだ。

彼らの場合がそうだった。

妻が運転する車で、娘と二人実家に向かっていた途中、突然の事故に遭い、そのまま帰らぬ人となってしまったのだ。病院に運ばれるまでもなく、事故現場で即死だと判断されるほどの悲惨な事故だったと聞く。

彼は最愛の妻と娘を一遍に失ってしまった。その死に目にも遭えないまま……。

彼がその時感じたであろう絶望と虚無は想像に難くない。

彼はすぐに仕事を辞めた。家に閉じこもって、外には一切出なくなった。

家族で過ごした家は、彼にとっては思い出の詰まった大切な場所で、今はそこからも一歩も出たくないのだろうと俺は思った。

彼は元々資産家といえる家の出だったから、たとえ仕事を辞めたとしてもお金に困ることはなかっただろう。しかし、それからの彼は常軌を逸してしまう。妻と娘に似たてた人形をあつらえると、二人が生きていた時と同じように過ごし始めたのだ。

人形相手に話しかけ、食事の際も就寝の際も、常に同じ部屋で過ごした。生前は彼も仕事があったし、そこまで妻子と常に一緒だったわけではない。でも、今ならそれができるのだ。好きなだけ……。

周囲の親戚や友人は、そんな彼の行為を厳しく注意した。いい加減に目を覚ませ！　そんなことをしても二人は喜ばないぞ、と。

しかし、どんな言葉も彼の耳には届かなかった。それが当たり前の生活なのだと信じきっている様子だった。ただ、彼が行っていた行為は奇しくも古から伝わる死者を蘇らせる行為に酷似していた。だからなのかもしれない、一切外出しなくなった彼の家の中から、女の声が聞こえると噂が立つようになった。

実際、彼の家に電話をしてみると、彼の声に混じって大人と子供の女性らしき声が雑音混じりに聞こえるようになった。また、近所の人からは、彼の家の窓に亡くなったはずの奥さんと娘さんの姿が見えるという噂がのぼり、いつしか彼の家は近所でも有名な心霊スポットになってしまった。

しかし、たとえどんな噂が流れるようになっても、一向に彼は気にしなかった。むしろ、それが幸せだったのかもしれない。

そんなある日、珍しく彼のほうから俺に連絡が入った。相談したいことがあるのだ、と彼が言う。俺としても、色んな噂を聞いており、それを確かめるためにも一度彼に会いたいと思っていたから即答で了解した。

当日、彼の家に向かった俺は、彼の家が近づくにつれて徐々に体調が悪くなっていった。体が重く、寒気と吐気が止まらない。それでも、ようやく彼の家が見えるところまでやって来た俺は、そこで唖然としてしまった。

彼の家には黒い靄のようなものが掛かっていた。

奥さんと娘さんは決して俺を歓迎などしていないのだ……そう確信するに余りある威圧感だった。それでも俺は彼と約束している。

家のチャイムを鳴らすと、ドアが開き、中から彼が満面の笑みで迎えてくれた。耳鳴りが酷く、家の中は凍えるほどの冷気が立ち込めている。

リビングに通された俺は、ソファーに置かれた二体の人形を見てしまった。明らかに普通の人形ではない。何かが宿った独特の顔をしている。俺は、聞き入れてもらえるか分からなかったが、人形を他の部屋に移動させてほしいと彼に頼んだ。拒否されるかと不安だったが、すんなりと了承してくれた。どうやら彼も、これからする話を人形には聞かれたくないようだった。

そして、彼はこんな話を始めた。

「なぁ、K。俺は……今、かなり幸せなんだよ……。誰に何を言われても……。俺がこんなことを続けているのはなぜだと思う？　確かに自分でも異常なのは十分分かっているつもりなんだ……。でも、俺はどうしても妻や娘と一緒に暮らしていきたいんだ……。だから、いつか妻と娘が蘇ってくれないかと、いつも心の中で念じていた。でもな、やっぱりそれは無理みたいなんだ……」彼はそこで泣き笑うような表情で、うんと一つ頷いた。「先日、妻や娘から言われたんだ……。ずっと一緒にいたいのなら、俺があっちの世界に行くしかないんだ、と。そう言われて俺は考えたんだよ……。自分が一番望んでいるのは何かってことを……。決して一人きりで長生きするのを俺は望んじゃいない。だから、俺は決めたんだ。妻や娘が言うように、俺があっちの世界に行こうって……。それがいつになるかは俺にも分からない。ただ、俺が突然死んだり行方不明になったりしたら、そういうことなんだと皆に説明してほしい。同じ娘を持つお前なら……こういう不可思議な世界のことも知ってるお前なら、分かってくれるだろ？」

そう言われて、俺には返す言葉が見つからなかった。

人それぞれ、大切な物も望んでいることも違う。そして、自分の人生のルートはその人自身しか決める権利はないのだから……。ただ、やはり何か吹っ切れない気持ちがあった。焦燥感にも似た奇妙な感情だった。

彼からその話を聞かされてから数日間、俺なりに真剣に考えてみた。しかし、結論は出なかった。出せなかったというのが正直な所だった。

そんな矢先、別の友人から連絡が入った。半ば覚悟していたが、やはりそれは、彼が自宅で亡くなっているのが発見されたという訃報だった。

彼は、ベッドに仰向けに寝たまま、両腕に人形を抱いた状態で死んでいたという。

後日、通夜で対面したその顔は幸せそうに笑っていた。死因は心不全との診断であったが、決してそんなものが死因でないことは俺には分かっている。

やはり、妻と娘が彼を連れて行ったのだと確信している。残してきた家族への愛情があるのならば、連れて行ったりせずにその人の幸せを見守ってほしいとつい思ってしまうが、実際にはそう簡単なものでもないのかもしれない。

そして、彼の死に顔が物語っている通り、彼にとってはその結末こそが彼が心から望んだものなのだと願わずにはいられない。

駐車場の影

これは仕事関係の知人の弟さんが体験された話になる。

その夜、彼は仕事を終えて二十四時間営業のスーパーで買い物をしていた。残業が長引いてしまったが翌日が休日だったこともあり、スーパーで惣菜とお酒を買って自宅に戻ってから一人で飲もうと考えていた。

時刻は既に午前一時を回っており、彼の他には買い物客の姿も見当たらなかった。適当な物をかごに入れてレジを通り、駐車場に戻って自分の車に乗り込む。そして、車のエンジンを掛けようとした時、ふと彼の視線がある場所で留まった。

十メートルほど前方に、一台の外車が停車していた。実は、以前からその外車に憧れており、いつかお金を貯めてその外車を買いたいと秘かに計画していたのだった。しかも、前方に停まっていた車は、彼の大好きなブルーだった。

（いいなぁ……あんなのに乗れたら最高だよな……）

そう思って、ついその車を眺めていると、その車のナンバープレートが○○‐○○という、その車の車名と同じ番号になっていることに気づいた。

あらら……このドライバーも相当この車が大好きなんだろうな……。車のナンバープレートまで車名と同じにするなんて、なかなか思い入れが強いなと、一人で感心していたという。

そして、それは突然現れた。

まるで車の底にでも隠れていたかのように、沢山の黒い人影が群がるようにその外車の窓から車内を覗き込んでいた。

何だ……あれ？

彼は少し緊張しながら、じっとその光景を注視していた。

一、二、三、四、五、六……七。車の周りを取り囲むようにして車内を覗き込んでいるのは七人ほどの黒い服を着ている者達だった。まるで黒い布を全身に被っているように見えたが、暗くて細部まではよく分からない。それでも、彼にはそいつらがその車のドライバーではないことはすぐに分かったという。

（どうする……？）

彼は考えた。もしここで七人と喧嘩になってしまったら、勝ち目はない。ただ、前方の七人はなぜかフラフラとしており、とてもひ弱そうに見えた。そして、彼が大好きなその外車に悪戯しようとしているのだとしたら、それは彼には我慢ならないことだった。彼自身も以前、駐車場に停めていた車の窓ガラスを割られて、車内のオーディオ関係やカーナビを盗まれた経験があった。だから、そんな光景を見ていると彼の正義感がふつふつと沸き上がってきてしまう。

もし前方にいる奴らと喧嘩になったとしても、すぐにスーパーの店員が騒ぎを聞きつけて警察を呼んでくれるだろう。それに、それがきっかけでその外車の持ち主と親しくなれたら、それは彼にとって願ってもないことだった。

（……よし！）

彼は思い切って車から出ると、ゆっくりとその外車のほうへと歩き出した。そして、五メートルくらいの距離まで近づいた時、大声で「おい！　何やってるんだ！」と叫んだ。するると、前方で車の窓に貼りついていた七人の動きが止まり、次の瞬間、一斉に彼のほうへと顔を向けた。

その瞬間、冷水を浴びせられたかのように背筋が凍りついた。

上手く説明できないが、とにかくこちらを向いたそれらの顔には生気というものが微塵もなく、まるで口も目もないマネキンのように見えたという。

「あ……あっ……」

彼は固まったまま言葉にならない嗚咽を漏らした。すると、次の瞬間、それらは車の中へ吸い込まれるようにして消えたという。

彼は何が起こったのか、全く理解できず、その場で固まっていた。しかし、ハッと我に返ると、そのまま逃げるようにして自分の車に乗り込み、自宅へと車を走らせた。

何か見てはいけないモノを視てしまった後悔と恐怖が、頭の中で渦を巻いていた。

その夜、彼は得体の知れないモノを視てしまった恐怖から一睡もできずに朝を迎えた。

幸い、怪異と呼べるような現象は何も起こらなかった。朝になり自宅を出る際、彼は、昨夜のことはさっさと忘れてしまおうと心に誓った。

しかし、予想だにしない形で再び彼は恐怖に見舞われてしまう。朝の通勤時の渋滞はいつもよりもかなり酷いものだった。少しイライラしながら渋滞の列に並んでいた彼は、対向車線で悲惨な事故を目撃してしまう。見るからに単独事故であり、どうすればあそこまで車体が原形を留めないほどに壊れるのかと思わせるほどの大事故だった。

その事故は原型も分からないほど潰れた車体と、車内から必死になってドライバーを助け出そうと車体を切り離す作業をしているレスキュー隊の様子から、まだ発生して間もない事故なのだと分かった。そして、彼を驚愕させたのは、その事故で潰れている車は間違いなく昨夜彼がスーパーの駐車場で見たあの外車だったことだ。さらに、その車を運転していたドライバーは体が半分車外にはみ出しており、既に絶命しているのは想像にかたくなかった。

彼は恐ろしくなって、対向車線のほうを決して見ないようにした。それでも会社に着いて仕事をしていても全く仕事が手に付かず、その日は午後から早退した。

彼は確信していた。あの事故はきっとあの夜視た奴らの仕業なのだ……と。

そして、あの夜、自分はそいつらと目を合わせてしまっている。だとしたら……。

そう考えると怖くて、何も手に付かなかったのだという。

それでも、自宅でテレビを観たり家族と話したりしていると何となく気分が落ち着いてきた。だから、その夜は寝つきこそ悪かったが、それなりに朝までぐっすりと眠ることができた。

翌朝、出勤のために車に乗り込もうとした彼は、車の運転席に黒い石が置かれているのを見つけたという。小さくて四角い黒い石……。さすがの彼も気持ち悪く感じたが、会社にはどうしても片付けなければいけない仕事もあったので、そのまま石を車外へと捨てると、車を発進させて会社へと向かった。

実はその時、彼は決心していた。それは、縁起の悪い今の車を売って、新しい車に乗り換えようということだった。

あいつらがいったい何モノなのかは分からなかったが、とにかく今乗っている車はあいつらに見られている可能性が高かった。だから、あんな悲惨な事故に遭う前に、さっさと車を乗り換えたいと思ったという。

勿論、彼はその時、細心の注意で安全運転をしていたそうだ。しかし、それから数時間後に、彼は病院のベッドの上で意識を取り戻した。体中に沢山の管が取り付けられ、彼の周りには複数の医師や看護師らがせわしなく動き回っていた。彼の名字を大声で叫び、呼び掛けている医師の顔が間近にあったが、彼はまたすぐに意識を失ってしまった。

結局、彼は事故に遭ってしまっていた。しかも恐ろしいことに、どうしてそうなったのか全く記憶になかった。ただ、警察の報告によれば、彼の車は単独事故を起こし、左側の駐車場に停車していた大型トラックの後部に激突したということだ。そして、トラックの車体の下に潜り込むようにして潰された車の中では、そのトラックの荷台に置かれていた角材が、彼の顔から三十センチと離れていない距離まで迫っていたそうだ。

彼の体を車外に運び出すためにレスキュー隊員が総がかりで臨み、結局、彼の右足の膝から下の部分を切断する形で彼は事故車から救い出され一命を取り留めた。

あの黒ずくめの七人が何だったのかは分からずじまいだが、もしも車の運転席に黒い石が置かれているのを見つけたら、絶対にその車には乗らないほうが賢明かもしれない。

それが助かる唯一の方法なのかもしれないのだから……。

オフロード車

これは最近知り合った趣味関係の知人から聞いた話になる。

彼が趣味として熱中しているのは車でのクロスカントリー。以前はＳＵＶの高級車に乗っていた彼は、ある時知り合った方に誘われてクロスカントリーに参加した結果、それまで乗っていた大型のオフロード車をあっさりと売ってしまい、中古の古いオフロード車を購入した。

しかも、その車は軽四なのだが、それまで乗っていた大型のオフロード車では絶対に行けないような場所に踏み入ることができ、それを休日の楽しみにしているという。何でも彼が乗っている軽四のオフロード車には沢山の改造パーツが出回っており、それを装着することにより小型のボディと相まって高い走破性を発揮してくれるのだそうだ。それこそどう見ても越えられないような狭い窪地や壁なども、運転技術次第では難なく走り抜けられるのが、最高に面白いのだという。

そんなわけで、彼はその軽四に乗り換えてからは毎週末ごとに仲間達と連れ立って山奥へと分け入り、まるで曲芸でもするかのように難所をクリアすることに熱中していた。

雨が降ったり雪が降ったり、また大きな石がゴロゴロしている場所は普通ならば決して車では出かけたくない場所なのだが、彼らにとってはまさに最高の遊び場になるらしい。しかし、やはり彼らが踏み入っているのは山の奥深くになるのだから、それなりに恐ろしい体験もしているのだそうだ。

その日も彼は土曜休みということもあり、朝から一人で山奥へと車で出かけた。クロスカントリーにもかなり慣れてきた彼は、初めて一人きりで山奥へと入ってみたくなった。天気は曇っていたが、万が一雨が降ってきたとしてもそれはそれで楽しめると、そう思っていたという。

しかし、以前、仲間と一緒に来たことのある場所のはずだったが、彼はどんどんと深みにはまってしまい、自慢のオフロード車でも脱出不可能な状態に陥ってしまう。

途方に暮れた彼はすぐに仲間の元へ携帯で助けを求めた。こんな山奥からでも簡単にSOSを発信して仲間に救助を要請できる。それがどれだけ凄いことなのかと改めて感謝したという。

運よく、仲間の一人がすぐに助けに来てくれると言ってくれたので、彼はホッとしてその場でのんびりと時間を過ごすことにした。焦っても仕方ないと判断したのだ。彼が脱出不可能になっている場所までは、普通に考えても二時間以上はかかることは彼にも容易に想像がついたから。

時刻は既に午後八時を回っていた。だから、彼としてはその場でできるだけ気持ちに余裕をもってのんびりとした気持ちになるしかなかった。それほど山奥の夜の闇というものは独特な空気があった。

仲間との電話が終わった彼は、しばらくは車の外で煙草を吸いながらぼうっとしていた。車のエンジンを切り、山中深く一人きりでいると、風の音や草木が揺れる音が恐ろしい声に聞こえてきた。また、漆黒の闇の中から誰かにじっと見られているような感覚に襲われてしまい、彼は急いで車の中へと避難した。

最初は車のバッテリーがあがってしまうのが怖くて、エンジンとライトを消していたが、山奥で過ごす孤独感は予想以上に恐怖を増幅させる。だから、彼は急いで車の中へ戻ると、ドアを全てロックしてエンジンを掛け、ライトも点けた。それでも彼の恐怖は少しも治まらなかった。

外は次第に雨が降ってきて、車のエンジン音をかき消すほどの強い降りになってからすぐに止んだ。彼は車のワイパーを動かして、フロントガラスの水滴を拭う。視界を確保しなければ、それもまた恐ろしかったからだ。

しかし、それが逆に彼にとってさらなる恐怖を感じさせる結果となってしまった。

辺りは完全に暗闇に包まれている。

そして、彼の車のヘッドライトが照らす前方から少しだけ外れた場所に、誰かが立っているのが見えた。

それは暗闇の中にぼうっと浮かび上がるように立ち、こちらをじっと見ている男性の姿だった。

（え……？）

彼は思わず声を出してもう一度前方を確認した。

その間、わずか一、二秒だろうが、前方には先程の男性の姿だけでなく、男女合わせて四人の姿がはっきりと見えたという。その誰もが俯きがちに、下から睨み上げるようにこちらへ視線を向けていた。

既に時刻は午前〇時に近づいていた。

そんな時、人間というものは不思議な行動をとってしまうものなのかもしれない。

彼は、前方に立つ四人の男女の姿を見たくないという思いから、車のヘッドライトをスモールライトへと切り替えたという。

再び前方を見る。

いない。

彼の視界にはそれでもう、男女四人の姿は映っていなかった。まるで、一瞬のうちに消えてしまったかのように……。

彼はもう一度車のヘッドライトを点灯させ、前方を確認してみることにした。しかし、やはりそこにはもう男女四人の姿は見えなくなっていた。

（目の錯覚だったんだな……。怖い怖いと思っているから、何でもないモノが人間に見えてしまったんだろう……）

そう自分に言い聞かせた。

しかし、次の瞬間。彼の車のエンジンが突然咳き込んで停止した。続いて車のヘッドライトも消えた。

一瞬にして視界が途絶えてしまった彼は、完全にパニックになった。慌てて車のエンジンを掛け直そうとしたが、彼にはそれができなかった。


車の中に……何かがいる……。

そんな感覚が、いや確信があった。

彼は固まったように視線を前方へ向けたまま指一本たりとも動かせなくなっていた。金縛りに遭ったというのではなく、ただ、極限の恐怖で視線すら動かせなくなっていた。姿は見えない。だが、いる。車内から複数の息遣いが聞こえるから。

とても苦しそうな呼吸音が……。

そして、車の中には徐々に何かが腐ったような強烈な臭いが充満していった。しかし、それでも彼は車から逃げ出すこともできなかった。

動いてはいけない……。

理屈はない。ただ、彼の生存本能がそう教えていた。

そんな時間がどれだけ続いただろうか。彼は腐ったような臭いで強い息苦しさを感じながらも、微動だにせずになんとか精神を保ち続けていた。

そして、突然前方が明るくなり、何かが近づいてくるのが分かった。彼にはそれが救助に来てくれた仲間の車だとすぐに分かった。

しかし、それでも彼は何もできなかった。恐怖に凍りついたまま固唾をのんで仲間が助けてくれるのを待つしかなかった。そして、前方から近づいてくる車のライトがハイビームに変わった途端、仲間の車はそれ以上近づいてくるのをやめた。

その理由はもう彼にも分かっていた。

きっと、仲間の車からは、彼の車の中にいる異形の姿がはっきりと視えているに違いない。だから、恐ろしくてそれ以上近づいてこられないのだ、と。

だが、彼にしてみれば、その状態で彼を置き去りにしてその場から離れていかなかっただけでも本当に心強かったという。

結局、彼がその車から出られたのは朝日が昇ってからのことだった。朝日が昇り始め、車の中に太陽光が差し込んでくると同時に、次第に車内から異形の気配は消えていったのだという。

彼は仲間の元に駆け寄って思わず泣き叫んでしまったという。

そこで初めて、どうやら彼の車には助手席に一人と後部座席に三人の性別が分からないほど腐乱した人の形をした何かが乗っていたのだと知らされた。仲間の車からはそれがはっきり見えていたそうだ。

ようやく車から出られた彼だったが、そのまま彼の車はその場所に置いていくことになった。車内に染みついた腐乱臭が強烈すぎて、とても乗って帰れる状態ではなかったのだそうだ。

そして彼自身の体にも、凄まじい腐乱臭が染みついていたようで、結局は彼の車だけでなく、彼を乗せて下山した仲間の車もまた、そのまま廃車にすることになった。

どんな消臭剤を使っても、その臭いは全く消えなかったからだという。

そして、この話には後日談がある。

実は、彼が車で遭難した地点から少し離れた林道から、車で練炭自殺をし、性別が分からないほど腐乱した四人の遺体が発見されたそうだ。

そして、彼の体からはいまだにその腐乱臭が消えずに残っているということである。

あとがき

二〇一七年に第一巻が出版され、今回が第六巻目という事になる。

私的には十巻まで出せたら良いなと思っているので、今回の六巻目がちょうど折り返し地点を過ぎた最初の作品になる。

私は基本的に他人の作品は読まないようにしている。

自分でも気づかないうちに文体を真似てしまうことがないようにだ。

それにしても怪談作家というのは、ある意味ルポルタージュ記者のようなものだと常々実感している。怪異の情報を募集し、作品になりそうな内容に対して電話や現地取材まで行って真相を追究し、それを吟味して文章化する。

自分でストーリーを考えなくて済むが、その代わりに調べ上げた話の内容をいかに読み手に恐怖とリアルさを伴って届けられるかに苦心する。実は巧妙な文章力がなければ成立しない世界なのかもしれない。

その点、私の場合は異質だ。以前にも書かせてもらったが、私の元には本当に沢山の怪異に関する話が自然と集まってくる。

それは懇意にしてもらっている霊能者や住職に起因する場合が多いが、そのせいか私自身が自ら怪異に遭遇してしまうケースも数知れないのだ。

特に怪談本というものを書きだしてからはその傾向が顕著に表れてしまっている。

確かに、怪談に関わっている方が執筆中にパソコンの調子が悪くなったり、突然電源が切れてしまったりという話をされているのはよく耳にする。

しかし、私が執筆中に体験した怪異は明らかにレベルが違うのかもしれない。

以前は調子が良ければ深夜から早朝に掛けての時間帯にも執筆を続けていたが、最近ではそんな禁忌を犯す勇気はない。

明らかに誰かが明かりの消えた家の中を歩き回る足音が聞こえるし、階段を上ってくる足音も聞こえてくる。

また、深夜にリビングに独りきりでいた娘の目の前で、大きく重い木製の引き戸が何度も開いたり閉まったりを繰り返し、明かりも明滅を繰り返した。

そして、パソコンに向かって怪談を書いている私自身も、部屋の中にいる何者かの気配や声を聞き、窓の外から覗く顔を見ている。

最近ではそんな怪異に家族も慣れてきている節があるが、それでもやはり深夜に執筆するのは気が引けてしまい、絶対にしないようにしている。

絶対の信頼を置いている霊能者から貰った護符を家中に貼っていてもそんなことが起きてしまうのだから、やって来ているモノ達は相当に危険なモノだと認識している。
こんな状態で、目標にしている第十巻まで到達できるのかは自分でも分からないのだが、少なくとも書ける間はそんなリアルな恐怖感が伝わるような話をお届けできれば、と思っている。

二〇二〇年十二月

営業のK

闇塗怪談　断テナイ恐怖

2021年1月4日　初版第1刷発行

著者　営業のK

カバー　橋元浩明（sowhat.Inc）
発行人　後藤明信
発行所　株式会社　竹書房
〒102-0072　東京都千代田区飯田橋2-7-3
電話 03-3264-1576（代表）
電話 03-3234-6208（編集）
http://www.takeshobo.co.jp
印刷所　中央精版印刷株式会社

定価はカバーに表示しています。
落丁・乱丁本は当社までお問い合わせ下さい。

ISBN978-4-8019-2497-0 C0193